HISTOIRE

DE LA

RÉVOLUTION

EN AUVERGNE

PAR

M. JEAN-BAPTISTE SERRES

TOME II

LE NOUVEAU RÉGIME

SAINT-AMAND (Cher) | PARIS
IMPRIMERIE SAINT-JOSEPH | Vic et Amat, libr.-éditeurs
Rue du Pont-Ju-Cher. | 11, Rue Cassette.

1895

DU MÊME AUTEUR

Vie du Père Murat. . . . . 1 fr.
Histoire de Notre-Dame des Miracles de Mauriac . . . . 1 fr. 25
Vie de Mgr Lavialle, évêque de Louisville . . . . 1 fr. 25
Mgr Chabrat, évêque en Amérique . . 0 fr. 75
Mgr Baldus, vicaire apostolique du Kiang-Si . . . . 1 fr. 25
Mgr d'Auzers, évêque de Nevers . . . 2 fr. 50
Histoire du monastère de Notre-Dame de Saint-Flour . . . . 0 fr. 75
Histoire du monastère de Notre-Dame d'Aurillac . . . . 0 fr. 75
Catinon-Menette. . . . . 1 fr. 50

En vente chez M. KOSSMANN, libraire à Mauriac (Cantal).

HISTOIRE DE LA RÉVOLUTION

EN AUVERGNE

HISTOIRE

DE LA

RÉVOLUTION

EN AUVERGNE

PAR

M. Jean-Baptiste SERRES

TOME II
LE NOUVEAU RÉGIME

SAINT-AMAND (Cher) | PARIS
IMPRIMERIE SAINT-JOSEPH | Vic et Amat, libr.-éditeurs
Rue du Pont-du-Cher. | 11, Rue Cassette.

1895

HISTOIRE
DE LA RÉVOLUTION
EN AUVERGNE

CHAPITRE Ier

LES DÉPUTÉS D'AUVERGNE A VERSAILLES. — RÉVOLTE DU TIERS-ÉTAT. — L'ABBÉ LOLLIER ENTRE AU TIERS. — DÉLIBÉRATION DE LA VILLE D'AURILLAC. — LETTRE DE M. LACOSTE. — PRISE DE LA BASTILLE. — DÉLIBÉRATION DE SAINT-FLOUR.

Les députés d'Auvergne se trouvèrent à Versailles, avec tous les députés du royaume, le 4 mai 1789, jour de l'ouverture des Etats-Généraux. Dans toute la France, les élections avaient été faites au milieu d'une agitation fiévreuse et déjà de sinistres pressentiments s'étaient manifestés çà et là au sein des populations surexcitées. — L'année précédente, la récolte avait été mauvaise et l'hiver rigoureux, de sorte que la famine soulevait des colères, et ces colères, ajoutées à la fureur des passions que les mauvaises doctrines avaient déchaînées, produisaient un frémissement général qui laissait échapper parfois les lueurs premières d'un incendie terrible. On entendait au loin les premiers grondements de la tempête.

Dès leur arrivée à Versailles, nos députés du Tiers-Etat voulurent se réunir en conférence particulière pour fixer la conduite qu'ils auraient à tenir aux Etats-Généraux et décider quelles opinions politiques ils auraient à faire prévaloir; mais ils ne purent s'entendre. L'antagonisme qui existait depuis longtemps entre Riom et Clermont, existait et s'accentua de plus en plus entre les députés de ces deux villes, surtout entre Malouet et Dufraisse d'un côté, Biauzat et Huguet de l'autre.

Biauzat lui-même nous initie à ces querelles de famille par les lettres suivantes écrites à ses commetants :

« Versailles, 2 mai 1789. — Dans le temps qu'on attendait les maîtres de cérémonie (pour la présentation des députés au roi), tous les députés d'Auvergne se sont réunis dans un des angles de la salle, et M. Malouët, le dieu de la députation de Riom, nous a proposé de faire visite tous ensemble à M. Necker et de former une assemblée de conférences entre nous tous. Je vous avoue que je crains jusqu'aux officiosités qui nous viennent du côté de Riom ou de ses agents; j'ai répondu à M. Malouët que je ne voyais pas dans ce moment d'intérêt à une conférence particulière entre les membres du Tiers de notre Province; que lorsque les affaires de cette contrée seraient dans le cas d'être traitées, il conviendrait de le faire avec les membres du clergé et de la noblesse... Je leur ai dit qu'il fallait éviter de laisser prendre de la prépondérance à l'une des trois députations et que je faisais déjà un sacrifice en n'insistant pas sur le droit que celle de Clermont avait ou pouvait avoir de se mettre en avant (1). »

Malgré ce mauvais vouloir de Biauzat, des conférences eurent lieu ce jour-là et le lendemain. Le 3 mai, Biauzat écrivait :

« Je sors de la conférence que nous avons eue entre Auvergnats après notre dîner. MM. Malouët et Dufraisse ont réitéré leurs propositions d'hier de choisir un président de la députation d'Auvergne et de faire visite ensemble à M. Necker. La discussion a été fort longue. M. Malouët, qui parle lentement et avec un plaisir qu'il manifeste trop sensiblement, ne finissait jamais sur aucune proposition. Par une fatuité dont je ne l'aurais pas cru capable, il a motivé sa prétention de nous présenter tous à M. Necker,

(1) *Notice sur Dufraisse du Cheix*, p. 26... Archives de Clermont.

sur la supposition vraie ou fausse qu'il était de liaison avec ce ministre et qu'il ne conviendrait pas qu'il fût présenté par une autre personne d'entre nous. Je ne me coucherais pas si je voulais vous narrer toutes les pauvretés qui se sont dites, non en injures, mais en faibles motifs. M. Dufraisse a cru pouvoir faire valoir sa place et sa charge de lieutenant-général et il a été extrêmement mortifié de ce que je lui ai dit: Qu'il se trompait fort s'il croyait devoir être considéré ici comme lieutenant-général. De particulier à particulier, lui ai-je ajouté, je me ferai un plaisir de reconnaître que vous êtes pourvu d'une des plus belles charges de notre Province. Mais lorsque nous conférerons en députés d'Auvergne, je vous considérerai seulement comme M. Dufraisse, député pour la Sénéchaussée de Riom, et je me ferai considérer comme Gauthier de Biauzat, député pour la Sénéchaussée de Clermont, sans aucune prééminence pour vous personnellement non plus que pour moi... (1) »

Ces dissensions s'accusèrent de plus en plus les jours suivants et en toutes circonstances se manifesta l'antagonisme des deux villes d'Auvergne et des deux députations, même au sein de l'Assemblée nationale, comme nous aurons lieu de le constater plus loin.

(1) *Notice sur Dufraisse du Cheix*, p. 27... Archives de Clermont.

Ce ne fut pas seulement entre les députés d'Auvergne que se produisirent, dès les premiers jours, des dissentiments regrettables, mais encore entre tous les députés de la France au nombre de plus de onze cents : collection d'hommes mal équilibrés, aux caractères variés, aux passions ardentes, dont les dispositions révolutionnaires, dans le plus grand nombre, bouillonnaient et cherchaient à faire explosion. — « Qu'on se figure, dit Malouët, ce que pouvait être une réunion d'hommes passionnés, sans règle et sans frein, également dangereux par leurs bonnes et par leurs mauvaises qualités, parce qu'ils manquaient presque tous d'expérience et d'une juste appréciation de la gravité des circonstances dans lesquelles ils étaient placés ; si bien que les bons n'ont pu faire aucun bien et que les mauvais, par légèreté, par violence, ont presque tous fait plus de mal qu'ils ne voulaient (1). »

Dès les premières séances de l'Assemblée, les nuages s'accumulent et la lutte commence entre les trois Ordres au sujet du vote par tête et de la vérification des pouvoirs ; le clergé et la noblesse veulent délibérer à part, le Tiers prétend que tout doit se faire en commun : de là des contestations sans fin. L'agitation devient extrême, surtout parmi cette

---

(1) *Mémoires de Malouët*, t. II, p. 298.

foule de spectateurs surexcités qui applaudissaient à outrance les propositions favorables à l'anéantissement des Ordres privilégiés et cherchaient par des menaces à jeter l'effroi parmi les opposants. Du nombre des opposants se trouvaient Malouët, royaliste libéral ; il s'opposait à la destruction des trois Ordres, mais il voulait que les privilégiés fissent des concessions au Tiers ; c'était de la conciliation ; le Tiers n'en voulait pas, et il repoussait par conséquent toutes les motions que faisait le député de Riom dans le but d'amener une entente cordiale.

Le 28 mai, on fit lecture à l'Assemblée d'un message du roi qui présentait des moyens de conciliation entre les Ordres : Malouët demande que ce message soit discuté à huis-clos et que l'on congédie les étrangers. A ce mot, la foule houleuse, qui assiste à la séance, pousse des cris de fureur. — « Il n'y a pas d'étrangers ici, hurle le député Volney, il n'y a que des frères ! » — « Apprenez, Monsieur, ajoute Bouche, autre député, que nous délibérons ici devant nos maîtres et que nous leur devons compte de nos opinions. » Ces paroles sont couvertes d'applaudissements et celles de Malouët de huées (1).

Un autre jour, le 16 juin, le député d'Auvergne

---

(1) *Mémoires de Malouët*, t. I, p. 354. — *Moniteur*, t. I, p. 45.

faillit être étranglé en pleine séance. Voici comment il raconte le fait lui-même :

« La veille de la Constitution des communes en Assemblée nationale, nous étions, au moment de la délibération, dans une agitation extrême. Je proposai à l'Assemblée d'examiner froidement et sans tumulte, avant de former le décret, de quel côté se trouvait la majorité, promettant que le parti de l'opposition dont j'étais, se soumettrait et signerait l'arrêté comme unanime, si nous étions en minorité; nous étions sûrs du contraire, et dans un instant, tous les *non* se rangèrent de mon côté au nombre de plus de trois cents. Pendant ce mouvement, un homme de la taille et de la figure d'un portefaix, mais très bien vêtu, s'élance des galeries dans la salle, fond sur moi et me prend au collet en criant : *Tais-toi, mauvais citoyen!* Mes collègues vinrent à mon secours. On appela la garde! l'homme disparut, mais la terrreur se répandit dans la salle, les menaces suivirent les députés opposants et le lendemain nous ne fûmes que quatre-vingt-dix (1). » — Dans la séance de ce lendemain, 17 juin, en effet, la terreur ayant diminué le nombre des opposants, le Tiers-Etat se déclara *unique Assemblée nationale.*

Trois jours après, le 20 juin, dans la salle où les

(1) *Mémoires de Malouet*, t. I, p. 353.

enfants de la famille royale s'exerçaient au jeu de paume, les députés du Tiers font serment de ne se séparer que lorsqu'ils auront donné une nouvelle constitution à la France. Dès lors, la rupture fut complète. Le roi, le clergé, la noblesse furent étonnés de tant d'audace; mais, dissoudre par la force cette assemblée révolutionnaire, fut chose à laquelle le roi ne put jamais se résoudre, et même, poussé par les événements, il finit par ordonner, le 27 juin, au clergé et à la noblesse de se réunir au Tiers-Etat, afin de travailler en commun au salut de la patrie. Désormais, il n'y eut plus de distinction d'ordre à l'Assemblée nationale. Le clergé et la noblesse venaient de disparaître comme corps politiques.

La nouvelle de cet événement, arrivée dans nos montagnes, apporta la joie dans le cœur des partisans de la révolution. Lorsque s'étaient manifestés les premiers dissentiments dans les Etats-Généraux, des prêtres et des nobles avaient abandonné leur ordre et s'étaient jetés dans le sein des communes. Les députés ecclésiastiques d'Auvergne, presque tous, se réunirent dès les premiers jours au Tiers-Etat, entre autres M. Lollier, curé d'Aurillac, ce qui lui valut les ovations des révolutionnaires de sa ville natale. « Il a donné un exemple de patriotisme bien rare, dit Vixouges, en faisant le sacrifice d'une place de grand-vicaire de cette ville, que sa démarche généreuse lui a fait perdre sur le champ. Un neveu de M. Lollier, M. de Bourlange, quoique de la classe des privilégiés, a été le premier en Auvergne qui ait proposé de supprimer tous les privilèges (1). »

Ce fut sans doute pour dédommager M. Lollier de la perte de son titre de grand-vicaire de Saint-Flour, que le conseil municipal d'Aurillac prit l'arrêté suivant :

« Séance du 27 juillet 1789. — Il est arrêté qu'il sera adressé par le conseil municipal une lettre à M. Lollier, curé de cette ville et son député à l'Assemblée nationale pour lui témoigner sa satisfaction pour s'être, un des premiers de son ordre, réuni à l'Assemblée nationale... qu'il sera pareillement écrit à Mgr l'évêque de Troyes, abbé d'Aurillac, pour le prier, au nom de la ville, d'accorder au dit Lollier des lettres de grand-vicaire... » On obtint ce qu'on demandait, car dans le compte-rendu de la séance du 20 août 1789, on lit : « L'abbé de Fontanges a fait demander audience, et introduit, a dit qu'il est chargé par Mgr l'évêque de Troyes, abbé d'Aurillac, son oncle, de remettre au conseil des lettres d'official et

---

(1) François Xavier Pagès de Vixouges, né à Aurillac d'une famille distinguée, embrassa avec ardeur les principes démagogiques dans l'espoir d'avancer rapidement et se rendit à Paris où il obtint quelque emploi de peu d'importance. Il y mourut en 1802, laissant quelques opuscules, entre autres un poëme en vers emphatiques sur la Révolution, imprimé en 1789.

de grand-vicaire pour M. Lollier, curé de cette ville. »

En outre, quelques habitants de la ville d'Aurillac s'assemblent, et en témoignage de leur joie patriotique, rédigent la délibération suivante :

« Les citoyens de la ville d'Aurillac, capitale du Haut-Pays d'Auvergne, spontanément assemblés sur l'heureuse nouvelle de la réunion des ordres et des circonstances mémorables qui l'ont amenée, n'ont pas cru devoir se séparer sans exprimer leur sentiment unanime.

« Ils ne différeront pas de célébrer cet événement par des feux et des illuminations; mais pour ne pas borner la joie publique à des signes stériles, ils arrêtent qu'il sera fait sur le champ un fonds suffisant pour la faire partager aux familles indigentes, dont la disette a multiplié le nombre, afin que les prémices de la félicité publique ne soient pas troublés par le souvenir de l'humanité souffrante, et que les mornes symptômes de la tristesse ne paraissent que sur le front des ennemis de la Nation.

« Mais le principal objet de cette délibération est de voter, au nom de la ville et de la province, les justes remerciements et la respectueuse reconnaissance qu'elles doivent au dévouement héroïque et à la noble fermeté de l'Assemblée nationale, qui a maintenu ses principes inébranlables au milieu des efforts combinés de l'intérêt particulier et des préjugés destructeurs.

« Sans les retards inséparables d'une longue distance, les communes de la Haute-Auvergne n'auraient pas attendu l'heure du calme pour manifester leur patriotisme ; elles auraient donné, avant de le recevoir, l'exemple d'un caractère national, sur lequel les représentants de la nation doivent toujours compter, et qui doit consolider à jamais les fondements de la constitution française sur les ruines de son édifice gothique. Mais puisque notre auguste monarque, toujours juste quand il écoute les mouvements bienfaisants de son cœur, est éclairé sur les suites désastreuses qu'allait entraîner l'exécution d'un conseil pervers, il ne reste à ses fidèles communes qu'à se réjouir de ses sentiments paternels, de la fermeté de l'Assemblée nationale, du patriotisme des troupes, du triomphe du ministre citoyen et de la réunion des Ordres, circonstances heureuses sur lesquelles est fondé le bonheur de la France.

« La commune d'Aurillac vote de plus un remerciement particulier pour ses représentants qui ont justifié l'opinion qu'on avait conçue de leur patriotisme ; elle prie MM. Hébrard et Armand d'exprimer encore sa reconnaissance à M. Lollier, curé de cette ville, sur ce qu'il a été un des premiers députés du clergé qui se sont réunis à l'Assemblée nationale ; elle les prie encore d'être les interprètes de ses sentiments auprès de cette Assemblée et de lui présenter son adresse.

« En conséquence, la présente délibération sera envoyée par MM. Larribe et Mailhes, adjoints à la municipalité, à M. Hébrard, qui est prié de la communiquer à ses collègues. MM. les adjoints en enverront également copie aux principales communes du ressort, et notamment aux chefs-lieux des trois autres prévôtés du Haut-Pays, avec invitation de s'y joindre.

« Fait à Aurillac, le 3 juillet 1789.

« Signé sur la minute (1). »

(1) Geneste, lieutenant particulier; — Larribe, lieutenant particulier, assesseur criminel; — Manhes, négociant; — Lorus; — Laccarrière de Latour, lieutenant général; — Destanne de Bernis; — Malroux Désaurières, avocat du roi; — Bouiges, m. en pharmacie; — Canteloupe de Marnies; — Cambefort, lieutenant de cavalerie; — Thoury, féodiste; — Mestre; — Dehuc, notaire royal; — Falgères, chirurgien; — Buisson, horloger; — Vigier, procureur; — Dilhac, procureur; — Prax, avocat; — Pagès de Fonbonne; — Alary aîné, négociant; — Delort, ancien capitaine de cavalerie; — Durat-Lasables, lieutenant des chirurgiens; — Latapie, orfèvre; — Hérault aîné, négociant; — Aliés aîné; — Carrier, procureur; — Sacreste, bas officier invalide; — Gamet-Jeune fils; — Deaura; — Brousse; — De Cambefort de Mazic; — Veyrines; — Brunon, greffier en chef; — Delsol; — Fonrouge; — Reyt; — Boudet; — Destaing fils; — Brunon, avocat; — Leigne; — Poux; — Pontenay de Fontète; — Challuan; — Dezou; — Delzons; — Bouyssou, m. en pharmacie; — Rodier; — Esqueroux; — Rampon; — Domergues, négociant; — Salés, négociant; — Picut; — Hérault, cadet; — Bruat; — Serieys, notaire royal; —

A la même époque, un futur régicide, J.-B. Lacoste, avocat à Mauriac, manifesta sa joie des événements de Versailles et sa haine contre la noblesse par la lettre suivante qu'il écrivit à M. Armand, député du Tiers-Etat de la Haute-Auvergne. Il dénonce un prétendu complot de la noblesse des environs de Mauriac, complot dont on ne trouve trace que dans sa lettre :

« Mauriac, le 12 juillet 1789.

« Monsieur,

« Dans la ferme persuasion que vous êtes exempt de toute acception, un vrai citoyen, un zélé défenseur de l'intérêt public et plus particulièrement de celui de ce département, spécialement confié à vos soins et à vos talents, et animé des mêmes sentiments, je croirais devenir complice des coupables que je vais vous déférer, si je ne vous rendais pas compte, sans aucune espèce de respect humain, de quelques faits intéressants qui se sont passés dans notre Election.

Noël Delcamp-Julhe ; — Capelle ; — Delmas ; — Lagaldie ; — Laquerei, arquebusier ; — Vigier, chaudronnier ; — Salesse ; — Chausson, serrurier ; — Carrier ; — Garnier ; — Bouigues ; — Delsol ; — Felgines ; — Gaultier ; — Fuyol ; — Apochim ; — Gautanègre ; Larquèze ; — Deviers ; — Sicard ; — Lacaze, cadet ; — Prunet ; — Lacaze ainé ; — Deconquans ; — Siard ; — Berthelou ; — Courbevèse ; — Pagès de Fonbonne père ; — Négrier ; — Chaumon, sculpteur ; — Merle ; — Regaldie ; — Boudry ; — Cantuel ; — Serre ; — Deltrieu ; — Lalongue ; — Miquel fils ; — Chassan.

« D'après le rapport fait par les papiers publics, il a été assez universellement reconnu que l'opiniâtreté de la noblesse à vouloir voter par ordre, sous prétexte que cela a été pratiqué de même en 1614 et sa dispute sur les mots, n'ont été déterminées que par l'envie de faire séparer les Etats sans rien décider, et de se perpétuer ainsi, aux dépens des malheureux, dans la possession de leurs privilèges et immunités.

« Le même rapport nous a appris que pour faire cesser leurs prétextes, M. Rabaud de Saint-Etienne leur avait répondu que, dans l'organisation de 1614, il n'avait été appelé pour électeurs et pour éligibles que des gentilshommes fieffés (ayant des fiefs), qu'en 1789, les plus simples et les plus pauvres gentilshommes, même les anoblis, y avaient été admis et conséquemment que ce qui avait été pratiqué en 1614 ne pouvait pas servir de règle pour 1789.

« Dans l'impossibilité de répliquer pertinemment et dans l'espoir de faire diversion, la noblesse a cru devoir récriminer ; du moins ce que certains membres de la nôtre ont pratiqué nous donne lieu de le croire ; voici le fait :

« M. le comte de Sartiges, M. le baron de Chazelles et M. de Tournemire, subdélégué, ont par eux-mêmes ou par l'entremise de leurs adhérents, fait venir chez eux, mais un à un, le plus grand nombre qu'ils ont pu des membres d'un très grand nombre de nos municipalités et leur ont fait signer cinq exemplaires d'un mémoire. Pour les y engager, on a employé les caresses, les menaces, la fourberie, et tous les stratagèmes propres à séduire et à tromper; on leur a fait entendre que n'y ayant aucun député pris dans la classe des laboureurs et autres habitants de la campagne, et qu'y en ayant un trop grand dans l'ordre des avocats et des gens de lettres, ils seraient comme ils l'ont toujours été les victimes du babil et de l'adresse de ceux-ci; que leurs intérêts étaient considérablement compromis, qu'il ne rejaillirait sur eux aucune partie de la diminution que doit leur assurer la renonciation des deux premiers Ordres à leurs privilèges pécuniaires, qu'il était même à craindre qu'on leur fît supporter la plus grande partie du déficit, et enfin que, pour prévenir un si grand mal, il n'y avait qu'un moyen qui était de réclamer contre les nominations qu'ils avaient faites et contre certains articles de leurs cahiers, comme l'un et l'autre étant le fruit de la surprise et de l'erreur, que le mémoire qu'on leur présentait à signer n'avait d'autre motif que de les soustraire à la vexation dont ils étaient menacés et de leur donner des preuves de leur protection et de leur charité compatissante au sort des malheureux.

« Vous, Messieurs, qui connaissez la rusticité, l'ignorance et la crédulité de nos campagnes, qui savez que nos gentilâtres sont plus despotes et plus craints dans leurs terres que le roi à Versailles et que le coup d'autorité que leur a fait éprouver la précédente administration les a entièrement subjugués; apprendrez sans doute sans étonnement que la plus grande partie de ceux à qui ces mémoires ont été présentés, les ont signés à l'aveugle et chapeau bas, plutôt par crainte que par tout autre motif.

« Certains moins timides et moins bornés ont aperçu le piège qu'on leur tendait et, pour ne pas s'y laisser prendre, sans cependant vouloir déplaire à ces puissances redoutables et dangereuses, ils s'en sont défendus en disant qu'ils croyaient ne pouvoir rien signer qui intéressât leur municipalité hors de son sein. Les plus adroits ont sollicité la remise de ces mémoires pour les porter signer à leurs municipalités, mais inutilement. Nos vrais concitoyens et moi avons fait ce que nous avons pu pour en attraper un exemplaire ; nous n'avons pas été plus heureux.

« Les signataires connus, blâmés d'avoir trahi les intérêts qui leur étaient confiés et d'avoir signé leur propre condamnation, et, menacés de destitution et de remplacement, gémissent, font tout haut leur acte de contrition et sont prêts à la consigner dans tel acte public que l'on voudra. J'ai été sollicité de la recevoir ou de donner le modèle ; par délicatesse, je n'ai voulu faire ni l'un ni l'autre.

« Ces mémoires ont été sans doute envoyés à ceux de nos gentilshommes qui les ont sollicités et il y a lieu de croire qu'ils en ont remis quelques exemplaires aux ministres, quoiqu'il y ait lieu de croire, d'après l'heureuse réunion qui vient de s'opérer, qu'ils n'ont fait et ne feront aucune sensation. Il nous semble ici qu'il serait très-intéressant d'en attrapper un pour pouvoir faire sévir contre leurs auteurs ; je vous laisse le soin d'apprécier le cas ; il me paraît grave, c'est une véritable trahison pratiquée furtivement, clandestinement, en charte privée, par ruse, par artifice et par abus d'autorité par des gens puissants, sur des personnes rustres, contre leurs propres intérêts, même contre ceux de l'Etat. Je croirais volontiers que c'est le cas de les dénoncer à l'Assemblée nationale, tant pour les faire connaître, s'il n'est pas possible de les faire déclarer infâmes, que pour les contenir à l'avenir et leur apprendre que le temps de jouer impunément le public et de le sacrifier à leur cupidité est enfin fini. Tous ces faits sont notoires et publics, et s'il fallait des témoins, il s'en trouverait cinquante pour un ; les signataires s'estimeraient heureux de pouvoir en servir.

« Je laisse à votre prudence et à votre sagesse le soin de faire de tout ceci l'usage qu'elles vous inspireront et d'en faire la confidence à ceux de vos collègues que vous croirez les plus propres à concerter avec vous le parti qu'il y a à prendre. La confiance que j'ai dans les talents et le patriotisme de M. Gautier de Biauzat, et la considération dont il jouit à si juste titre, me feraient souhaiter que vous en délibériez avec lui. Veuillez bien lui offrir mes respects ainsi qu'à Messieurs Lescurier et Hébrard. L'union qui règne sans doute entre vous trois me dispense de dire rien de particulier en leur faveur. Avez-vous besoin d'instructions pour prouver la surcharge de nos montagnes, les abus qu'il y a dans le tirage au sort de la milice, les dépenses qu'elle occasionne, les dommages qu'elle cause, etc.. Parlez, je vous ferai passer celles dont je serai capable. Nous avons lieu de croire que vos compatriotes et vous reviendrez chargés de lauriers ; nous vous en préparons des faisceaux et soupirons après le moment de vous en couronner. C'est dans ces sentiments que j'ai l'honneur d'être, Monsieur, avec respect votre très humble serviteur. LACOSTE !. — Agréez que Mme Armand trouve ici l'offre de mon respectueux hommage. »

Il paraît que M. Armand reçut mal cette dénonciation, car dans des lettres écrites à M. Chevalier Dufau, son neveu, il se plaint des intrigues et des infamies de l'avocat Lacoste.

Paris était en ce moment dans un état d'effervescence indescriptible. Le 14 juillet, cinquante mille hommes attaquèrent la Bastille, forteresse qui servait de prison d'Etat, et après avoir massacré le gouverneur et ses soldats, ils la rasèrent jusqu'au sol. « J'apprends, dit Vixouges, et je me fais un plaisir de le consigner ici, que le fils d'un honnête particulier d'Aurillac, nommé Caylus, s'est trouvé des premiers lorsqu'on a forcé la Bastille et a eu la gloire de s'emparer du pavillon blanc que le gouverneur avait fait arborer pour tromper les Parisiens (1). »

Le lendemain de ce haut fait révolutionnaire, le roi se rend au sein de l'Assemblée nationale et dit qu'affecté des désordres de la capitale, il vient avec confiance inviter les représentants du peuple à ramener l'ordre et le calme; il annonce ensuite que, selon les désirs du peuple, il a ordonné aux troupes de s'éloigner de Paris et de Versailles.

C'est après ces événements sinistres que les habitants de Saint-Flour, réunis à l'hôtel de ville, prennent la délibération suivante. — On remarquera qu'elle est moins enthousiaste que celle d'Aurillac:

« Aujourd'hui, vingt juillet mil sept cent quatre-ving-neuf, heures de onze du matin, l'Assemblée générale ayant été convoquée en la manière ordinaire

(1) *La Révolution*, poème.

par Messieurs les officiers municipaux, M. le maire a dit :

« Messieurs,

« Le calme le plus doux succède à l'orage le plus effrayant. Nous avons reçu extraordinairement, par la voix de M. l'Intendant, le discours du Roi aux Etats-Généraux du 15 juillet présent du mois, et nous nous empressons de vous le communiquer.

« Il paraît que des ennemis secrets avaient cherché à répandre de la méfiance entre le roi le plus chéri et le plus digne de l'être, et la nation la plus fidèle et la plus idolâtre de ses rois.

« Cette cabale infernale était parvenue à armer le roi contre la nation, et la nation contre elle-même.

« Il en est résulté des accidents les plus fâcheux et les plus funestes : un ministre vraiment ami de la Patrie, et qui en avait mérité à si juste titre toute la confiance, a été écarté, ainsi que certains autres non moins chers à la nation : le trouble et la désolation étaient dans la capitale, et, nous n'osons le dire, le sang a été répandu.

« Heureusement, Messieurs, dans ce désordre affreux, le roi n'a rien perdu de l'amour et de la fidélité de ses sujets, et la nation a conservé tous ses droits dans le cœur paternel de son roi.

« Le monstre a été confondu, le roi a rompu lui-même cette barrière fatale que l'on avait établie entre lui et la nation ; il est venu se placer au milieu d'elle et ne veut plus faire qu'un avec elle.

« Cet événement qui contraste la douleur avec la joie, est dû à la fois au cœur paternel du roi et à l'activité, l'énergie et la fermeté des représentants de la nation, assemblés pour travailler au grand ouvrage de sa régénération.

« Il n'est aucun de vous, Messieurs, qui ne connaisse la sagesse des délibérations et des résolutions qu'ils ont prises jusqu'à présent; il n'est aucun de vous qui n'ait adhéré et applaudi aux saines maximes qui leur ont servi de base, et puisque désormais ils ne feront plus qu'un avec le roi, que ne devons-nous pas attendre de cette heureuse réunion : hâtons-nous donc, Messieurs, de porter aux pieds du roi et de l'Assemblée nationale ainsi réunis, l'expression de nos sentiments de reconnaissance, de respect, de vénération, d'amour et de fidélité. »

Sur quoi, lecture faite du discours du roi aux Etats-Généraux, du 15 juillet 1789, ensemble des délibérations et arrêtés de l'Assemblée nationale des 17, 20 et 23 juin dernier et 13 du mois de juillet; l'Assemblée, cédant aux premiers mouvements de son cœur, a unanimement témoigné sa douleur et sa sensibilité aux malheurs qui ont affligé la capitale.

L'Assemblée ensuite, rassurée par l'espoir flatteur du calme le plus prochain et le plus durable, pleine de confiance dans le cœur paternel du roi et dans le zèle et l'activité, les lumières et la sagesse que les représentants de la nation ont fait éclater dans toutes les démarches, et particulièrement dans leurs délibérations et arrêtés des 17, 20 et 23 juin dernier, et 13 juillet présent mois, a unanimement adhéré aux dites délibérations et arrêtés, et promis de maintenir les saines maximes qui leur ont servi de base.

L'Assemblée espère de la bonté du roi qu'il ne bornera pas son bienfait au seul éloignement des troupes assemblées auprès de Paris, mais qu'elle voudra bien rappeller ses ministres, amis et chéris de la nation, que la seule cabale avait écartés; et elle supplie l'Assemblée nationale de seconder ses vœux à cet égard.

L'Assemblée a encore arrêté que, de l'agrément de MM. du Chapitre cathédral, il sera chanté dans leur église solennellement un *Te Deum*, auquel seront invités MM. de la compagnie franche et toutes les compagnies, corps et corporations, lequel sera annoncé par le canon, et suivi des réjouissances usitées.

Et pour faire parvenir aux pieds du roi et de l'Assemblée nationale l'expression des sentiments d'amour et de fidélité, de reconnaissance, de respect et de vénération dont l'Assemblée est pénétrée envers le roi et les représentants de la nation, l'Assemblée a chargé MM. les officiers municipaux d'envoyer à MM. les députés du Bailliage de cette ville, qui se sont montrés si dignes de la confiance de leurs commettans, une expédition de la présente délibération, avec prière de la remettre à Monseigneur le président qui sera supplié de la présenter à l'Assemblée nationale.

Et ont MM. les officiers municipaux signé avec tous les délibérans qui ont su signer et le secrétaire de l'hôtel de ville (1). »

(1) *Signataires* : Spy Desternes, maire. — Borel de Montchauvel, lieutenant du maire. — Coutel, premier échevin. — Palmier, 3ᵉ échevin. — Chatonnier, 4ᵉ échevin. — Chanson, 1ᵉʳ assesseur. — Bertrand, 2ᵉ assesseur. — Champepclaux, contrôleur. — Vaissière, lieutenant général du bailliage. — Henri, conseiller, doyen du bailliage. — Du Chambon, chanoine de la cathédrale. — Vidalenc, procureur du roi au bailliage. — Devaux, maitre particulier des eaux et des forêts. — Corin, prieur des Jacobins. — De Labrousse, avocat. — Muret, avocat. — Rongier, avocat. — Baldran, greffier du bailliage. — Sauvat, directeur des vingtièmes. — Richard cadet, notaire. — Grassal cadet, chirurgien. — Passenaud, notaire. — Périlhet, chorier de la collégiale. — Beschot, chorier de la cathédrale. — Delzer, chorier de la cathédrale. — Bérauld de Loudier, conseiller au bailliage. — Moisset, chanoine de la cathédrale. — Bouson, chorier de la cathédrale. — Chazelèdes, bourgeois. — Fayet, chanoine de la cathédrale. — Chazelèdes, avocat. — Chanson, procureur. — Daude, procureur. — Chanson, secrétaire-greffier de l'hôtel de ville.

Et plusieurs autres noms d'hommes du peuple, en tout 170.

CHAPITRE II

PROTESTATION OU DÉMISSION DES DÉPUTÉS DE LA NOBLESSE D'AUVERGNE. — NOUVELLE CONVOCATION DE CETTE NOBLESSE A RIOM, A CLERMONT ET A SAINT-FLOUR. — NOUVEAUX POUVOIRS.

Depuis la fusion des trois Ordres, les députés de la Noblesse aux Etats-Généraux n'avaient plus de pouvoirs pour délibérer et voter, attendu que leurs électeurs les avaient envoyés uniquement pour agir en qualités de nobles, pour voter par ordre et non par tête. Il y avait en outre dans les cahiers, notamment dans ceux de la noblesse d'Auvergne, des mandats précis, impératifs, que la délicatesse et l'honneur ne permettaient pas de violer.

Nos députés de la noblesse se crurent donc obligés de demander de nouveaux pouvoirs et même de protester contre le nouvel état de choses. Quatre d'entre eux donnèrent leur démission.

Le marquis de Lacqueuille « dès qu'il vit que la révolution et l'insubordination étaient à l'ordre du jour, se signala comme un adversaire implacable des menées anarchistes. Autant il était partisan convaincu de la régénération nationale, autant il se montre fougueux agresseur de la Révolution.

On ne transige pas avec l'honneur ; on ne compose pas avec des factieux : telles étaient les deux maximes chevaleresques qu'il opposait sans relâche à ceux de ses collègues dont le tempérament moins viril, plus ou moins hésitant, les portait vers les concessions, les atermoiements, les transactions de tous les jours. Le roi ayant enjoint aux deux ordres privilégiés de se réunir au Tiers, immédiatement M. de Lacqueuille adressa sa démission à ses commettants (1). »

De Langeac, de Mascon et de Rouzière suivirent son exemple.

Le duc de Caylus, député du bailliage de Saint-Flour, signa la déclaration suivante qui fut lue à l'Assemblée nationale dans la séance du 30 juin 1789 :

« Je soussigné, député de la Haute-Auvergne, au bailliage de Saint-Flour, déclare regarder la vérification commune tenant à l'opinion par tête, contraire au droit de la noblesse ; en conséquence, je ne peux pas prendre part aux délibérations de l'Assemblée jusqu'à ce que mes commettants m'aient donné de nouveaux pouvoirs. Signé : LE DUC DE CAYLUS (2). »

A l'exemple des députés d'Auvergne, beaucoup

(1) *Châteaugay et ses seigneurs*, par Marc de Vissac, p. 184.
(2) *Moniteur*, t. I, p. 110.

d'autres députés de la noblesse aux Etats-Généraux protestèrent contre le nouveau régime ou donnèrent leur démission ; le plus grand nombre se contenta de demander de nouveaux pouvoirs. Ils voulaient savoir si leurs électeurs voudraient leur permettre d'agir dans le sens des événements, de délibérer et de voter dans l'Assemblée dite nationale. C'est dans ce but que le roi ordonna une nouvelle convocation de la noblesse des divers bailliages. La noblesse d'Auvergne se réunit donc de nouveau à Riom, à Clermont et à Saint Flour.

L'Assemblée de Riom tint deux séances, l'une le 24 et l'autre le 25 juillet 1789. Elle comptait à peine quatre-vingts membres, dit Montlosier, soixante-quatorze environ, dit Bergier dans une lettre à Biauzat. Ces gentilshommes eurent à délibérer sur le remplacement de M. de Langeac, démissionnaire pour cause de maladie, sur la démission des de Lacqueuille, de La Rouzière et de Mascon, enfin sur l'étendue des pouvoirs à donner à leurs députés.

La question de la démission de M. de Langeac fut bientôt vidée. Naturellement on aurait dû le remplacer par un des députés suppléants nommés en mars 1789, de Canillac et d'Espinchal, mais sous prétexte que leurs élections n'avaient pas été faites régulièrement, ils furent écartés, et la nouvelle Assemblée de Riom choisit d'autres suppléants, qui furent de Cabrol, de Montlosier et de Poncy.

M. de Chabrol remplaça le marquis de Langeac qui venait de mourir après une longue maladie.

Quant à la démission des trois députés de Lacqueuille, de La Rouzière et de Mascon, l'Assemblée la regarda comme une défection, une fuite devant le danger et refusa de l'accepter, entraînée par les observations de M. de Montlosier, qui fit comprendre qu'accepter cette démission ce serait mal récompenser le zèle et la fidélité des trois députés qui n'avaient pris cette détermination qu'inspirés par l'honneur et le dégoût que leur causaient les empiètements de l'Assemblée nationale et que justifièrent les discordes du temps.

Quant à l'étendue des pouvoirs, la noblesse de la sénéchaussée de Riom les donna illimités, sans restriction. Dans ces conditions, de Lacqueuille et de Mascon consentirent à garder leur mandat et à siéger à l'Assemblée nationale. Mais M. de La Rouzière persista dans le dessein de se retirer, et à la fin du mois d'août il écrivit à M. de Montlosier pour le prévenir de sa retraite et le prier de venir le remplacer. Le comte de Montlosier répondit qu'il n'en ferait rien, qu'il avait réussi une première fois auprès de l'Assemblée de la noblesse à faire repousser sa démission et qu'il espérait avoir le même bonheur auprès de lui-même. M. de La Rouzière persista dans sa détermination, et de

Montlosier partit pour Paris en qualité de député d'Auvergne (1).

L'autre député de la noblesse de la Sénéchaussée de Riom, M. de Lafayette, qui avait été nommé commandant de la garde nationale de Paris, qu'on accusait d'être hostile au gouvernement et de combattre faiblement les perturbateurs et les assassins qui ensanglantaient la capitale, avait eu quelque velléité de donner aussi sa démission de député de la noblesse d'Auvergne à laquelle d'ailleurs, vu ses principes démocratiques, il déplaisait souverainement. Voici ce qu'il dit lui-même à ce sujet dans une lettre sans date, mais écrite entre le 25 juin et le 11 juillet 1789. On voit suinter de chaque mot son orgueil, son ambition, son esprit démocratique.

« Versailles, jeudi 1789. — Je suis touché des inquiétudes de tous genres qui vous tourmentent, je voudrais au moins que vous fussiez tranquille sur moi ; mais le malheur incalculable, quoique non prévu, d'avoir été choisi par la noblesse, ne me laisse que le choix des difficultés. Il y a, je le sais, beaucoup d'inconvénients à ne pas aller en Auvergne, à ne pas combattre les arguments contraires, à me brouiller avec la noblesse de ma Province, mais il y en a plus

(1) *Mémoires de M. de Montlosier*, t. I, p. 218.

encore à me livrer au soutien de cette cause contradictoirement avec mes collègues, et je trouve plus simple de donner ma démission que d'aller perdre une bataille, en déplaisant à toute l'Assemblée nationale qui ne voit pas d'un bon œil les départs pour la Province. Il est encore deux autres raisons très prépondérantes : l'une que l'Assemblée nationale est menacée de plusieurs dangers qu'il me convient de partager, l'autre qu'elle va s'occuper d'une déclaration des droits où je puis lui être utile. Je pourrais peut-être partir pour Riom le 17, afin d'y être le 20 pour le rassemblement du bailliage, et là je donnerai ma démission. Quant à l'idée d'entrer dans le Tiers, elle n'a rien que de très simple ; il est naturel que lorsque douze cents Français travaillent à une constitution, je sois et désire être l'un deux... Je ne veux pas être admis illégalement, je ne le pourrais même pas, mais il n'y a pas le plus léger inconvénient à ce qu'un député dise : « M. de Lafayette a donné sa démission. Je le crois utile à la chose publique et je m'en vais pour lui faire place par une nouvelle élection. » Au reste, tout cela est incertain ; je serai à temps dans 15 jours. Il est vraisemblable que nous serons chassés ou enracinés à cette époque et je ne puis pas me borner à être l'homme de la Sénéchaussée d'Auvergne après avoir contribué à la liberté d'un autre monde. Songez que je ne puis pas m'arrêter dans la carrière sans tomber et qu'avec la meilleure envie d'être à ma place, il faut que cette place soit sur la brèche politique (1). »

M. de Lafayette ne donna pas sa démission. Pourvu de nouveaux pouvoirs, il continua à siéger à l'Assemblée nationale et là comme ailleurs, transfuge du parti de la noblesse, il continua à flatter le peuple et la Révolution.

La noblesse de la Sénéchaussée de Clermont assemblée tint plusieurs séances qui furent passablement tumultueuses, les divers membres n'étant pas du même avis sur les pouvoirs à accorder à leur député. Enfin après délibération, l'Assemblée écrivit au comte de Montboissier, son unique député, une lettre datée du 9 juillet 1789 par laquelle ses commettants l'autorisaient à adhérer à l'égalité de l'impôt, à l'abolition des privilèges pécuniaires, mais non à l'abolition des Ordres privilégiés. Cette persistance à maintenir les trois Ordres produisit à Clermont un très mauvais effet ; il y eut des cris, des menaces contre la noblesse, car on parlait déjà de brûler les châteaux et *la grande peur* survenant avec l'armement des citoyens, la crainte donnant de la prudence, la noblesse se ravisa

---

(1) *Mémoires de Lafayette*, t. II, p. 311.

et, réunie de nouveau, elle adressa, le 5 août 1789, à M. de Montboisier, son député, la lettre que voici :

« Monsieur le comte, après avoir relu attentivement la lettre que nous avons eu l'honneur de vous écrire le 9 juillet, nous nous sommes aperçus qu'elle ne remplissait pas nos vraies intentions et qu'elle limitait en quelque façon vos pouvoirs, tandis que nos vœux n'ont jamais été de porter le moindre obstacle aux opérations qui doivent produire le bonheur de la nation. Déjà nous avons fait avec empressement le sacrifice de nos privilèges pécuniaires. Nous vous prions, Monsieur le comte, de regarder comme absolument illimités tous les pouvoirs qui ont pu émaner de nous, révoquant expressément notre lettre de juillet dernier et vous prions d'opiner toujours par tête à l'Assemblée nationale. Nous sommes avec respect... »

M. de Montboissier eut donc toute latitude.

En même temps que la noblesse de la Basse-Auvergne se réunissait à Riom et à Clermont, celle de la Haute-Auvergne s'assemblait à Saint-Flour. Les trois députés du Haut-Pays : le duc de Caylus, le baron de Rochebrune, Saint-Martial de Conros, baron d'Aurillac, adressèrent le 2 juillet la lettre suivante à M. de Vaissière, lieutenant-général du bailliage de Saint-Flour :

« Versailles, ce 2 juillet 1789. — Nous présumons, Monsieur, que vous avez reçu ministériellement un arrêt du Conseil pour faire une nouvelle convocation de la noblesse de la Haute-Auvergne, dans le cas où elle serait demandée par leurs députés. Comme nos pouvoirs sont insuffisants dans les circonstances actuelles, et que nous avons de nouvelles instructions et de nouveaux ordres à demander à nos commettants, nous vous prions de vouloir bien convoquer, le plus tôt possible, en l'absence du bailli, la noblesse de la Haute-Auvergne, et nous vous prévenons que les circonstances demandent que cette convocation soit faite dans le plus court délai.

Nous avons l'honneur d'être avec un sincère attachement, Monsieur, vos très humbles et très obéissants serviteurs.

« Signé : Le duc Caylus ; le baron d'Aurillac ; le baron de Rochebrune. »

M. Vaissière communiqua cette pièce à la noblesse de la Haute-Auvergne avec la lettre suivante :

« Saint-Flour, le 15 juillet 1789.

« Monsieur,

« Messieurs les députés de votre ordre m'ont fait l'honneur de m'écrire la lettre ci-jointe. Les nouveaux ordres qu'ils demandent de votre part méritent, d'après eux, toute célérité. C'est pour remplir leurs vues que je viens aujourd'hui, aux termes du règlement du 27 juin dernier, vous inviter à vous trouver à l'Assemblée, que nombre de vous, Messieurs, m'ont prié de fixer le 30 de ce mois, pour y prendre les délibérations que vous jugerez nécessaires dans la position actuelle.

« Je suis avec tous les sentiments respectueux, Monsieur, votre très humble et très obéissant serviteur,

« VAISSIÈRE, lieutenant-général. »

En conséquence, la noblesse de la Haute-Auvergne se réunit à Saint-Flour le 30 juillet et rédigea la délibération que voici :

« Aujourd'hui, 30 juillet 1789, heure de dix du matin, en la salle des Frères-Prêcheurs de la ville de Saint-Flour, devant nous, Pierre Vaissière, écuyer, seigneur de la Fage, conseiller du roi, lieutenant-général, civil et criminel, commissaire-enquêteur et examinateur du bailliage royal des montagnes d'Auvergne, séant en la ville de Saint-Flour, principale et capitale de la Haute-Auvergne, lieutenant-général de police de la dite ville faubourg et banlieue d'icelle, assisté de Jean Baldrane, greffier en chef du dit siège :

L'ordre de la noblesse de la Haute-Auvergne,

assemblé en exécution du règlement fait par le roi, concernant les mandats des députés aux Etats-Généraux du 27 juin dernier, sur l'invitation par nous faite à chacun des Messieurs les membres du dit ordre, par notre lettre du 15 juillet présent mois:

« D'après la réquisition à nous faite par Messieurs les députés du dit ordre, le 2 du dit mois de juillet, ont comparu les soussignés, lesquels, après lecture faite du dit règlement du 27 juin dernier.

« Considérant que ce n'est que par l'accord général des députés des différents ordres qui composent les Etats-Généraux, qu'on peut opérer d'une manière utile, avantageuse et satisfaisante pour la nation, la tâche intéressante dont ils sont chargés.

« Ont vu, et appris avec joie la réunion qui s'est opérée ; ont cassé et annulé par la présente délibération tous pouvoirs impératifs et limités qu'ils avaient ci-devant donnés à leurs députés à l'Assemblée nationale; ont unanimement donné et donnent par ces présentes tous pouvoirs généraux et suffisants pour concourir, avec la nation assemblée, au bien général de la commune patrie, dont les intérêts leur sont et seront toujours infiniment chers et précieux.

« Et afin que personne ne doute de la pureté de leurs intentions, et des sentiments désintéressés qui les animent, ont unanimement résolu et décidé que la présente délibération sera imprimée avec la signature de tous les membres qui y ont assisté.

« Fait et clos les dits jour et an :

De Lafaige,
De Sartiges,
Sarret de Fabrègues,
De la Salle-Lacarrière
Dubois de Saint-Etienne
De Montclarc,
Saint-Martial de Conros,
Saint-Martial,
De Dienne de Cheylade,
Chazelles de Courdes,
De Castella,
D'Anglard de la Garde,
Charvet le Rochemonteix,
De Ribier de Chavagnac,
De Ribier de Total,
De Tournemire de Valmaison,
Soualhat de Lempret,
Soulhat du Fauc,
La Farge de la Pierre,
Montel de Chavaroche,
Monteil de Meallet,
Chaumeil de la Jalène,
Derigal de Peuch-Martin,
De Pesteils de Jaulhiac,
De Gain de Montaignac,
Salvaing de Boissieu,
Bonnafos de la Motte,
Sarret de Saint-Cernin,
Tassy de Montluc du Sartre,
Tassy de Chassagne,
Colinet de Niossel,
Gillet de Broms,
De Chaudesaigues de Tarrieux,
Desauret d'Auliac,
Desauret de Cheilus,
Dieudonné de Lachesnaye,

Pellamourgue de Cassagnouse,
Lacarrière de Comblat,
De Brugier d'Andelat,
Dantil du Ligonès,
Falcon de Longevialle,
Gillet d'Auriac,
Daudin de la Fabrie,
Deguessier aîné,
Deguessier cadet,
Deguessier, troisième de son nom,
Doreille du Croiset,
Doreille,
Séguis de Chantal,
De Conquans,
Tassy de Nontluc,
Gillet de Varnez,
Teillard de Tissonnière,
De Podevigne de Grandval,
De Lafaige de Cheilane,
De la Roque de la Fage,
De Moré,
Salvage de la Margé,
Doreilles de Paladines,
Chabannes-Carton,
Bonnofos de la Roussilhe,
Trenneuge de la Bastide,
Baldram, greffier en chef.

Ainsi tous les députés de la noblesse d'Auvergne eurent des pouvoirs illimités et purent, par conséquent, en toute liberté, participer aux discussions, votes et décrets de l'Assemblée nationale.

CHAPITRE III

Troubles en Auvergne. — La peur. — La cocarde.

Pendant que les députés de la noblesse d'Auvergne demandaient de nouveaux pouvoirs à leurs commettants et que l'Assemblée, sous le nom de Constituante, se déclarait souveraine, l'esprit de licence se propageait dans toutes les Provinces. Pour avoir à leurs ordres une armée qu'en cas de besoin ils puissent opposer à l'armée régulière, les révolutionnaires arment tous les hommes valides de Paris et organisent ce qu'on appela depuis la garde nationale. Pour soulever et armer la France tout entière, ils se servent d'un stratagème imaginé par Mirabeau ou Adrien Duport, disent les uns, par Sièyès, disent les autres, qui consista à écrire des lettres ou bien à envoyer secrètement dans toutes les Provinces des courriers chargés de répandre partout la nouvelle de la prochaine arrivée de brigands armés qui parcouraient les campagnes, dévastaient le pays, incendiaient les maisons, massacraient les habitants.

C'était au mois de juillet, après la prise de la

Bastille. D'aucuns prétendent qu'il n'y eut pas de stratagème, que ce fut un pressentiment mystérieux, un tressaillement surnaturel qu'éprouva la France à la veille du bouleversement effroyable qu'elle allait subir. Quoi qu'il en soit, un mouvement étrange, une terreur subite se communiqua d'un bout du royaume à l'autre. A l'annonce de brigands qui, dit-on, arrivent de toutes parts, le peuple des campagnes, les bourgeois des villes s'arment de fusils, de faux, de haches ; en peu de jours, deux millions d'hommes sont sous les armes. Cette panique universelle a laissé dans nos pays d'Auvergne d'ineffaçables souvenirs. Les vieillards aiment encore à raconter les faits étranges de *l'annada de las pours*. Le tocsin sonnait dans toutes nos montagnes. A Clermont, on faisait courir le bruit que Riom était saccagé, et à Riom, que Clermont était livré au pillage. Dans chaque ville on était sûr que les brigands étaient arrivés à la ville voisine. Ici on enfouissait sous terre, dans les caves, l'argenterie, les objets précieux et on fuyait dans les forêts emportant les vieillards et les enfants. Ailleurs les femmes couraient dans les églises, les hommes s'armaient de faux, de pioches, de fourches et attendaient l'ennemi.

« Cette fameuse alerte, me racontait un bourgeois de Mauriac, M. Ternat-Lapleau qui, lors de ces événements, avait quinze ans, arriva quelques jours après la prise de la Bastille ; je n'ai rien vu de semblable. De toutes parts en criait : L'ennemi est au Vigean, aux portes de Mauriac, à Pleaux, à Salers... il était partout et on ne le voyait nulle part. Un jour on nous affirma si bien que les brigands étaient au couvent de Brageac, que mon père et M. Lacoste, avocat, allèrent en reconnaissance ; ils trouvèrent les bonnes religieuses fort tranquilles et Madame l'Abbesse leur donna très gracieusement à déjeuner. »

Toute la paroisse de Chalvignac fut mise en mouvement par une femme qui courait en criant comme une folle que le sang coulait dans les rues de Mauriac. Le soir venu, quelques feux allumés sur les bords de la Dordogne par les bateleurs ou les bûcherons ne laissèrent aucun doute sur l'arrivée des brigands. A entendre les récits qui circulaient de village en village, on aurait cru que tout le littoral limousin de la Dordogne était couvert d'armées ennemies. Heureusement, ces armées imaginaires disparurent avec le lever du soleil. Tout était un sujet de terreur : un voyageur qui passait, une cheminée qui fumait, un cri entendu dans le lointain.

« Il suffit, dit M. Taine, qu'une fille, rentrant le soir au village, rencontre deux hommes qui ne sont pas du pays. C'est le cas en Auvergne : là dessus des paroisses entières se sauvent la nuit dans les bois, abandonnent leurs maisons, emportant leurs meubles ; les fuyards ont foulé, abîmé leurs propres moissons, des femmes enceintes se sont blessées dans le bois, d'autres sont devenues folles. L'épouvante leur a donné des ailes. — Deux ans plus tard, près du Mont-Doré, on montrait à Mme Campan une roche à pic où une femme s'était réfugiée et d'où on n'avait pu la descendre qu'avec des cordes (1).

« Un grand nombre de courriers, dit le comte de Montlosier, furent expédiés dans les provinces avec la mission d'y répandre les bruits les plus sinistres. Ces courriers, que personne ne pensa ni à arrêter, ni à interroger, assuraient que dans tous les lieux où ils avaient passé, tout était ravagé, incendié. Ils exhortaient toutes les populations à s'armer et à s'enrégimenter. Dans un clin-d'œil, un mouvement de terreur et de folie gagna, comme par contagion, les parties du royaume les plus tranquilles. Nos montagnes (d'Auvergne) furent saisies, comme le reste de la France, de ce mouvement. Chaque jour on venait me débiter des contes de brigands auxquels je ne croyais pas. Un jour cependant, on m'avertit que les brigands étaient dans un village voisin, qu'ils y avaient tout mis à feu et à sang ; il semblait ne pouvoir y avoir de doute à cet égard ; les bergers,

---

(1) *La Révolution*, p. 79. — *La Revue de la Révolution*, livraison du 5 août 1889, p. 520.

abandonnant tout à coup leurs troupeaux dans la campagne, accouraient tout essoufflés pour rapporter ces nouvelles. Le village était incendié ; ils avaient vu des flammes. Je pars aussitôt, armé, avec tout ce que je pus rassembler de monde, pour aller au secours du village qu'on m'avait désigné ; quand nous arrivons, le village qui était aussi dans la terreur, parce qu'on lui avait rapporté les mêmes fagots sur le village voisin, nous prend nous-même pour les brigands. Les paysans s'arment contre nous de fusils et de fourches de fer (1). »

— « Dans le Cantal, dit Rorhbacher, aussi bien que dans les campagnes du Lot, de l'Aveyron, de la Lozère et de la Corrèze, toute la population se souleva dans l'attente des brigands dont on annonçait l'approche et qui ne se montrèrent nulle part. On barricadait les villages, on montait des pierres dans les maisons, les femmes préparaient les brandons enflammés et les vases d'eau bouillante, comme si d'un moment à l'autre on eut été exposé à un assaut (2). »

— « En 89, dit à son tour Paul de Chazelles, la révolution fut annoncée à Condat au son des cloches. Le tocsin y sonnait ainsi qu'à Féniers (abbaye de

(1) *Mémoires de Montlosier*, t. I, p. 233.
(2) *Histoire universelle de l'Eglise catholique*, t. XXVII, p. 504.

l'Ordre de Citeaux). On répandait partout que les ennemis allaient arriver vers le Couder, paroisse de Trémouille. Les moines réunirent des détachements et furent avec eux en reconnaissance (1). »

« A Massiac, le 31 juillet, le bruit se répand que les brigands arrivent. Le 1ᵉʳ août, les paysans s'arment, ils s'amusent à boire en attendant l'arrivée des brigands. Les cervelles s'échauffent au point de se persuader que le comte d'Espinchal, seigneur de Massiac, était arrivé la veille, dans cette ville, déguisé; qu'il était l'auteur des troubles qui agitaient alors la province et qu'il était caché dans son château : là-dessus, coups de fusils dans les vitres ; perquisitions, etc. (2). »

Voici ce qu'on lit dans le registre des délibérations du conseil municipal d'Aurillac, année 1789 :

« Séance extraordinaire du 31 juillet 1789 (un vendredi). Il a été lu une lettre adressée au conseil municipal par la municipalité de Mauriac. Cette lettre en date de ce jour annonce qu'une troupe de seize mille hommes a ravagé la ville de Cholet en Poitou, que de là elle s'est portée à Solignac, à Uzerche, qu'elle met tout à feu et à sang sur son passage, qu'elle a attaqué Tulle, que les habitants d'Argentat ont abandonné la ville et se sont retirés

(1) *Statistique du Cantal*, article Condat.
(2) *La Révolution*, par Taine, p. 94.

en deçà de la rivière (la Dordogne). On finit par demander pour la ville de Mauriac un prompt secours, tant d'hommes que d'armes et de munitions. Laquelle lecture entendue, le conseil, après avoir délibéré sur le parti qu'il convient de prendre dans une circonstance si alarmante, a arrêté : 1° Qu'il sera sur le champ dépêché un courrier à Argentat pour s'informer exactement de la vérité; 2° que tous les hommes de la ville d'Aurillac, en état de porter les armes, les prendront sur-le-champ, feront des patrouilles dans la ville et dans le voisinage et se tiendront prêts à marcher au premier ordre du conseil; 3° que toutes les armes, toute la poudre et autres munitions existant dans la ville d'Aurillac seront déposées à l'hôtel de ville pour y être distribuées; 4° que Messieurs les consuls se diviseront en plusieurs compagnies, au moins de trois personnes chacune, pour former jour et nuit un comité permanent à l'hôtel de ville pour recevoir et envoyer les dépêches et donner les ordres nécessaires pour s'opposer aux entreprises des ennemis... — Signé : Louis LEYGONIE DE PRUNS, VOCHER DE BOURGLANGE, CAMBEFORT DE MAZIC, CAMBEFORT D'OURADOUR... »

« Le même jour, à sept heures du soir, est arrivé une autre lettre de la municipalité de Maurs qui réclame aussi des secours et annonce que la ville de Figeac est dans les plus vives alarmes et s'attend à chaque instant à voir paraître, à ses portes, une armée de brigands. Sur quoi, attendu que le danger paraît se confirmer et même se multiplier, il a été arrêté d'écrire sur le champ aux villes voisines et alliées de celles d'Aurillac pour les inviter à réunir leurs efforts et à se concerter avec elles pour la défense de la cause commune ; arrête aussi que les habitants des campagnes seront également invités par une lettre circulaire à s'armer, sans cependant se déplacer de chez eux que sur un nouvel avis.....

« Le samedi 1er août, à quatre heures du matin, est arrivé le courrier qui, la veille, avait été dépêché à Argentat. Il a remis au conseil une lettre des officiers municipaux de cette ville par laquelle ils annoncent qu'une troupe de brigands a ravagé Lubersac, Ségur et Uzerches, que toute la ville de Tulle est sous les armes, que celle de Brives n'a pas moins d'inquiétude et qu'on y croit les ennemis auprès de Terrasson.

« Le même jour sont arrivées plusieurs lettres de Murat, de Vic, par lesquelles il est dit qu'une troupe de brigands a ravagé la Limagne d'Auvergne et s'avance dans les montagnes du côté de Saint-Flour et que cette ville et ses environs sont sous les armes. D'autres lettres de Maurs, de Figeac, de Laroquebrou annoncent qu'une troupe de quatre mille brigands est entre Gourdon, Grammat et La Capelle-Marival, et que dans ce pays tout le monde est armé. Sur quoi le conseil a arrêté d'envoyer à Grammat une personne de confiance pour observer de près les ennemis et rendre compte de leurs mouvements.

« Le dimanche 2 août, le conseil a été un peu rassuré par plusieurs lettres qui lui apprennent que le danger paraît s'éloigner et que les brigands se dirigent du côté du Périgord et de l'Agénois. Mais, attendu que l'alarme est toujours la même du côté de Saint-Flour, il a été arrêté de continuer de se tenir sous les armes et d'envoyer à Clermont pour s'assurer de la vérité du passage de l'ennemi..... Le même jour, des lettres arrivées de Clermont annoncent qu'on y craint comme ailleurs l'apparition d'une troupe de brigands que l'on croit dispersée dans les montagnes du Forez.

« Le lundi 3 août, l'alarme diminue du côté du Quercy; mais Vic, Murat et Saint-Flour sont toujours menacés... Le même jour, les lettres arrivées de toutes parts ont commencé à rétablir le calme. Cependant le conseil a jugé convenable de maintenir toujours une garde bourgeoise et, attendu que la ville d'Aurillac manque d'armes et de munitions, il a été arrêté d'envoyer incessamment une adresse à l'Assemblée nationale pour lui exposer à cet égard l'état de la ville d'Aurillac et lui demander sa protection à l'effet d'obtenir le plus promptement possible la fourniture d'armes et de munitions qui lui est nécessaire.

« Mercredi 5 août, les bonnes nouvelles se confirment. En conséquence, le conseil arrête qu'il sera écrit une lettre circulaire à toutes les paroisses du District pour rassurer les habitants et les inviter à se livrer sans aucune alarme aux travaux pressants de la moisson (1). »

Voici quelques autres renseignements que nous trouvons dans une adresse aux citoyens par M. de Lorus, chevalier de Saint-Louis, président du conseil municipal d'Aurillac depuis le 23 juillet 1789 :

« A peine étions-nous entrés dans la maison de la commune qu'on nous annonça les approches d'une armée de quinze mille hommes qui s'avançaient; elle n'était déjà qu'à huit lieues de nos murailles; les citoyens s'arment promptement avec les armes qu'ils trouvent. Un d'eux s'offrit de prendre la poste, d'aller à la découverte et de pousser jusqu'à Argentat. Arrivé dans cette ville, il la trouva aussi agitée que la nôtre. Cette armée, qui n'existait que

(1) Archives d'Aurillac.

dans des projets combinés, se trouva répandue le même jour dans toutes les provinces du royaume.

« Le retour de M. Moncan nous rassura, sur ce que nous vîmes que ce n'était qu'une fausse alarme ; elle nous fut très utile cependant en ce que nous nous aperçûmes que nous étions sans armes, sans munitions de guerre et sans vivres. Nous nous assemblâmes ; notre délibération fut courte ; elle se réduisit à accélérer la formation d'une milice et à acheter des fusils, des munitions, afin de nous mettre en état de défense et de repousser avec avantage l'ennemi qui oserait nous attaquer. Nous étions sans argent ; une administration abusive et vicieuse avait dévoré le peu de revenu dont jouissait la commune. Le besoin nous suggéra une ressource. Nous fîmes une quête. Le clergé tant séculier que régulier, ainsi que les communautés religieuses des deux sexes, nous furent d'un grand secours. Nous achetâmes cinquante fusils et avec ceux que nous avions déjà, notre milice fut en état de se présenter. Nous fîmes construire un corps de garde commode sur la grande place et nous avons fait monter régulièrement une garde, fait des patrouilles pour prévenir toute espèce de désordres. »

Voici, d'après M. de Lorus et les registres de la

municipalité d'Aurillac, le produit de la quête faite pour acheter des armes :

Les religieuses de la Visitation donnèrent	720	livres.
Les religieuses de Saint-Joseph . .	720	»
Les religieuses de Notre-Dame . .	600	»
Les chanoines du chapitre de Saint-Géraud.	600	»
Mme l'abbesse du Buis	300	»
Les Pères Carmes	190	»
Les prêtres communalistes de la paroisse de Notre-Dame. . . .	120	»
Les Pères Cordeliers.	96	»
L'abbé Céléry, prieur de Faussac. .	60	»
Vacher de Bourg-l'Ange, consul . .	300	»
L'évêque de Troyes, abbé d'Aurillac	600	»
Une personne inconnue	24	»
Total :	4.290	livres.

Les registres de la municipalité et l'adresse de M. de Lorus ne signalent aucun autre don dans la liste des personnes qui contribuèrent à l'achat des armes.

Saint-Flour eut aussi son alerte et ses frayeurs. Pour résister aux brigands qu'on lui annonçait de toutes parts, la municipalité de cette ville, dans sa séance du 2 août, nomma un comité de sûreté, composé de vingt membres pris dans les trois ordres : cinq dans le clergé, cinq dans la noblesse, et dix dans le Tiers. Elle arrête en outre dans cette même séance, qu'il serait établi une milice bourgeoise sous le titre de *Légion de Saint-Flour*, laquelle serait commandée par le vicomte de Lafeige, ancien lieutenant-colonel, et par le chevalier de Vernet.

Dans toutes les villes d'Auvergne, les gardes nationales furent organisées avec une fiévreuse activité, et non seulement les citoyens d'une même localité s'unissaient pour la défense, mais les villes elles-mêmes se *confédéraient*, c'est-à-dire se promettaient mutuellement aide et faisaient alliance, de sorte qu'une ville attaquée pouvait appeler à son secours les autres villes qui étaient fédérées avec elle, et celles-ci ne pouvaient pas refuser ce secours.

Dans les registres de la municipalité d'Aurillac, on lit que les villes de Maurs, de Laroquebrou, de Montsalvy, de Marcolès, de Pleaux et de Vic envoyèrent à Aurillac des députés successivement pour demander son alliance. La municipalité d'Aurillac reçoit avec honneur ces députés et signe avec eux l'acte de fédération. C'était aux mois de juillet et d'août 1789. En mai 1790, Clermont aussi voulut former une confédération avec Aurillac et lui envoya une députation. La garde nationale et la municipalité de la cité de Saint-Géraud acceptèrent avec enthousiasme la proposition que lui faisait la capitale de l'Auvergne, et deux députés, de Cambefort et de Lorus, furent envoyés à Clermont pour signer l'acte. Partis le 11 mai, ils furent de retour à Aurillac le 21 du même mois.

Ce fut encore à l'époque de la peur que l'on commença dans notre pays à porter la cocarde. La cocarde était le symbole de la Révolution. Lafayette qui la mit en usage disait : *Cette cocarde fera le tour du monde*. Hébrard Dufau, député de la Haute-Auvergne à l'Assemblée nationale, en envoya un certain nombre au comité d'Aurillac. M. de Lorus, maire, fut chargé de le remercier. « J'ai reçu, Monsieur, avec votre lettre, les cocardes dont vous faites le cadeau au comité. Nous sommes très sensibles à votre honnêteté et je suis chargé par mes collègues de vous en faire nos sincères remerciements. Nous voilà donc décorés à l'instar de Messieurs de l'Assemblée nationale ; cela nous flatte infiniment et semble ajouter un degré de plus à notre consistance. Nous fûmes en corps présenter à Mme Dufau celle que vous lui aviez destinée. Je sens tout le prix de la faveur que vous m'avez faite en faisant choix de ma main pour la lui offrir. Nos Messieurs qui n'ont point formé d'engagement avec l'hymen, ont fait la galanterie à nos femmes d'une cocarde à peu près pareille à celle de Mme Dufau qui a bien voulu prêter la sienne pour servir de modèle. Voilà donc les dames de la municipalité avec une marque distinctive... Aurillac, le 25 août 1789... LORUS. »

L'usage de la cocarde se répandit rapidement dans tout le pays ; hommes, femmes, enfants, nobles et prêtres furent obligés de la porter sous peine de se voir traités d'*aristocrates*. Ce nom meurtrier, d'abord appliqué aux nobles, fut donné à tous ceux qui n'acceptaient pas volontiers la Révolution ou qui se distinguaient de la multitude par leur fortune, leurs titres, les charges ou les alliances. Rien ne manque maintenant aux révolutionnaires pour être les maîtres absolus ; ils ont entre leurs mains tous les moyens de contrainte et d'intimidation. Aussi la canaille se montre-t-elle partout confiante et hardie ! Partout les ambitieux, les mécontents, les déclassés, les francs-maçons sortent de dessous terre et se montrent au grand jour, fiers et ardents au mal, de sorte que les brigands qui n'arrivaient pas arrivèrent enfin. Des troubles, des émeutes éclatèrent de toutes parts et l'on se tromperait si l'on disait que les gardes nationales, qui venaient de s'organiser, maintenaient le bon ordre. Elles étaient le plus souvent une révolte armée. On en voyait qui favorisaient l'émeute contre les prêtres, les nobles, les riches, qui présidaient aux arrestations de ces victimes de la fureur populaire, quelquefois à leur massacre.

CHAPITRE IV

LETTRES DES DÉPUTÉS D'AUVERGNE. — LES JOURNAUX. — CLASSIFICATION DE NOS REPRÉSENTANTS A L'ASSEMBLÉE NATIONALE. — LEUR ATTITUDE. — LEURS QUERELLES.

Au milieu de ces événements, que faisaient nos députés et quelle était leur attitude à l'Assemblée nationale ? Ils écrivaient des lettres à leurs commettants pour les mettre au courant des opérations de la Chambre et des affaires publiques. « Après la convocation des Etats-généraux en 1789, dit Mège, le public intelligent, en province comme à Paris, s'intéressa vivement aux affaires communes et voulut se tenir au courant des événements. Les journaux étant peu nombreux en Auvergne, et nullement préparés d'ailleurs à se transformer subitement en journaux politiques, bon nombre de citoyens s'abonnèrent aux journaux de Paris. Mais ces journaux eux-mêmes, tardivement informés, guidés le plus souvent par l'esprit de parti, ne donnaient qu'une notion inexacte et incomplète des événements ou des réformes qui s'accomplissaient ou se préparaient tous les jours...

Pour contenter la curiosité bien naturelle de leurs commettants, pour satisfaire cette immense avidité de nouvelles, et aussi pour se rappeler eux-mêmes à leurs concitoyens, les députés du Tiers-Etat d'Auvergne qui, dès leur arrivée à Paris, envoyèrent quelques lettres à leurs municipalités, durent étendre cette correspondance de façon à lui donner une plus grande publicité. M. de Riberolles devint le correspondant ordinaire de la municipalité de Thiers et de ses voisines. Il en fut de même de M. Vimal avec les municipalités d'Ambert et des environs; de M. Andrieu avec la municipalité d'Aigueperse; de M. Grenier avec celle de Brioude; de MM. Gaultier de Biauzat et Huguet avec celle de Clermont et Billom. M. Gaultier de Biauzat surtout tint à l'honneur d'être le correspondant de Clermont d'abord, et plus tard de toutes les municipalités de la province. C'est de cette correspondance ainsi étendue et généralisée que naquit le *Journal des Débats*... Les lettres étaient lues publiquement, puis il fallut les faire copier, imprimer quelquefois, pour les communiquer aux municipalités. Dans les villes, dans les villages, on se rassemblait soit sur les places publiques, soit dans les églises, soit dans quelqu'autre bâtiment spacieux pour entendre les nouvelles. C'était un empressement indescriptible. A Clermont, les jours d'arrivée du courrier, on allait en masse au devant pour savoir s'il apportait des lettres des députés. Après l'arrivée du courrier, on se précipitait en foule dans la salle du théâtre, on se pressait, on étouffait. C'était à qui prendrait la première place pour écouter le récit des événements et des débats de l'Assemblée de la nation (1). »

Il en était de même en Haute-Auvergne. Les ecclésiastiques écrivaient au clergé, les nobles à la noblesse, les députés du Tiers aux communes. Mgr de Ruffo, Bigot de Vernières, le duc de Caylus, le baron de Rochebrune, Bertrand et Daude, donnaient des nouvelles de Paris à Saint-Flour et aux communes voisines. Armand en donnait à Mauriac ; Devillas à Pierrefort ; Lescurier à Salers ; Lollier et Hébrard à Aurillac. L'obligation de correspondre avec leurs commettants avait été imposée, du moins implicitement, aux députés d'Auvergne, mais bientôt de nombreux journaux étant fondés et se répandant partout, la lecture des lettres de nos députés fut moins recherchée, moins suivie et même peu à peu ces lettres perdirent le caractère de périodicité et devinrent plus intimes, plus personnelles, par conséquent moins faciles à communiquer. La curiosité publique se tourna vers les journaux.

Outre le *Journal des Débats*, imprimé à Versailles, rédigé dans ses commencements par nos députés,

---

(1) *Les Journaux*, par Mège, p. 63.

Biauzat, Huguet et Grenier, on éditait en Auvergne plusieurs feuilles de création récente :

— La *Feuille hebdomadaire*, fondée à Clermont avant la Révolution.

— Le *Patriote d'Auvergne*, fondé à Clermont en 1790.

— Les *Lettres bougrement patriotiques aux Clermontois*.

— Les *Evangélistes* et le *Thermomètre*, rédigés tous deux par Delaure.

— Le *Courrier de Londres*, par Montlosier.

— Le *Journal du soir*, par Dom Gerles et Feuillant.

— Le *Citoyen surveillant*, imprimé à Riom.

— Le *Cantaliste*, imprimé à Aurillac.

Ces journaux, de nuances et d'opinions diverses, pénétraient dans nos montagnes par toutes les voies, exaltaient les esprits, échauffaient les têtes au point de les faire tourner et nous apportaient, avec l'écho des événements de Paris, tous ces bruits de la France qui frappaient de terreur comme le tonnerre d'un orage.

Dans les provinces, ainsi qu'à l'Assemblée nationale, l'anarchie était à son comble. Deux grands partis étaient en présence : celui des réformateurs, qui siégeait à droite; celui des destructeurs, qui siégeait à gauche. Dans ces deux partis existaient des nuances. Il y avait les modérés, les ardents, les indécis, les enragés.

Le comte d'Espinchal de Massiac, qui connaissait et fréquentait nos députés, en fait la classification dans ses *Mémoires* inédits sur la Révolution. Il distingue d'abord le côté droit et le côté gauche de l'Assemblée nationale. Au côté droit, on voit les *bons* et les *faibles* ; à gauche, les *indécis*, les plus *prononcés*, les *incertains* et les *enragés*. Parmi les bons il place : l'évêque de Clermont, le marquis de Lacqueuille, le comte de Langeac et son remplaçant de Chabrol, de Larouzière et son remplaçant de Montlosier, de Mascon, de Montboissier, Malouët, Dufraisse du Cheix, Taillardat de La Maison-Neuve, Claude Redon, l'abbé Mathias.

Parmi les décidés du côté gauche : Bonnefoy, Brignon, Riberolles, Girot-Poujols, Branche, Huguet, Vimal et Grenier.

Parmi les plus prononcés : Dom Gerle et Bourdon.

Parmi les incertains : Andrieu.

Parmi les enragés : Lafayette et Biauzat.

Les députés de la Haute-Auvergne étaient ainsi classés dans l'Assemblée nationale :

Droite : l'évêque de Saint-Flour, Bigot de Vernière, Lollier, le duc de Caylus, le baron de Saint-Martial, le baron de Rochebrune.

Gauche : tous les députés du Tiers, mais avec des nuances diverses ; les uns étaient modérés, les autres plus ardents. En résumé, les députés d'Auvergne étaient à peu près divisés par égal nombre : moitié à droite, moitié à gauche. Voici ce que M. de Montlosier dit de Malouët, de Chabrol et du marquis de Lacqueuille, ses trois collègues et amis ; il ne parle pas des autres députés : « Parmi les quatre cents membres du côté droit, dit-il, il y avait des hommes de premier talent... Dans ce nombre, je ne dois pas oublier Malouët. Dans deux occasions il s'éleva à la première éloquence. En général, sa manière était pâle, sa parole avait peur d'être forte, mais son attitude était si noble, ses idées étaient si justes, si marquées de cette intention droite qui appartient à l'honnête homme, qu'au premier moment il inspirait la confiance ; il gagnait tout son auditoire pour lui, quand il ne le gagnait pas à sa cause... Sous le rapport politique, je savais mauvais gré à M. Malouët de la passion qu'il avait montrée dans le principe, pour le doublement du Tiers, ainsi que pour l'opinion par tête ; je lui savais mauvais gré surtout de son adhésion au serment du Jeu-de-Paume... Son attitude de grand seigneur, qui au surplus lui allait fort bien, mais qui contrastait, suivant moi, avec sa qualité de député du Tiers-Etat, me déplaisait aussi. Peu à peu cependant je m'étais laissé aller à reconnaître que la question des prétentions du Tiers, attendu le nouveau mouvement des choses, était assez difficile et assez compliquée en soi pour qu'un honnête homme pût s'y tromper, surtout un honnête homme du Tiers-Etat. J'avais reconnu aussi que si dans son adhésion au serment du Jeu-de Paume il avait, soit comme député, soit comme grand-officier dans l'administration de la marine, manqué en quelque chose à ses devoirs de citoyen et à sa fidélité au roi, les circonstances d'alors étaient assez violentes, assez pressantes pour avoir pu l'entraîner... Ses hautes fonctions à Saint-Domingue, à Cayenne, et ensuite comme intendant de la marine à Toulon, lui avaient fait un devoir, bientôt une habitude d'une certaine modération de ton et d'une certaine impassibilité (1). »

Voici le portrait de M. de Chabrol :

« Un homme qui avec tout son flegme me plaisait beaucoup, c'était M. de Chabrol. Dans toutes les circonstances importantes, j'ai eu recours à ses conseils. Personne ne savait mieux que lui entrer dans la situation et dans le caractère de celui qui le consultait; il donnait son avis selon cette situation et ce caractère. Du reste, il était fort réservé en public ; avec ses amis même il n'était communicatif que justement ce qu'il fallait pour répondre à la confiance qu'on lui montrait... Je lui ai trouvé toujours un sens parfait et toute l'instruction qui peut convenir à un homme d'Etat (2). »

(1) *Mémoires de Montlosier*, t. II, p. 231-319.
(2) Idem, t. IX, p. 301.

A l'Assemblée, de Chabrol votait avec la droite, mais parlait peu.

« M. de Lacqueuille était un homme d'un caractère noble et de mœurs honorables, mais sa tête, je dois le dire, était tout à fait vide de pensées et d'instruction. Son éducation avait tellement été négligée qu'il ne savait pas un mot d'orthographe. Je ne comprends pas comment, avec tant de désavantages, il a pu avoir les relations suivies qu'il a eues avec les plus grands personnages de l'Europe. C'est qu'avec la plus laide figure et beaucoup d'esprit naturel, sa conversation avait particulièrement de la grâce. Pendant tout le temps que je l'ai vu à l'Assemblée nationale, je ne lui ai guère connu d'autre idée que ces deux maximes : « On ne transige point avec l'honneur ; On ne compose pas avec les factieux. » Eh bien, il donnait à ces deux maximes tant de formes différentes et il les embellissait de tant de nuances chevaleresques qu'on l'écoutait avec attention. Grand seigneur en province, simple gentilhomme à la cour, homme du monde dans toute l'étendue de ce mot, M. de Lacqueuille a eu de grands succès à l'étranger (1). » M. de Lacqueuille ne prenait pas souvent la parole à l'Assemblée, mais il protestait toujours par ses votes contre ses décisions révolutionnaires.

(1) *Mémoires de Montlosier*, t. II, p. 302 et suiv.

L'abbé Mathias, à l'Assemblée nationale, eut une attitude très noble.

« Seul entre les représentants du clergé de Riom, l'abbé Mathias prit place à l'Assemblée nationale, parmi les membres du côté droit. Partisan de la liberté, désireux d'une réforme sage et progressive des abus sans nombre qui étaient signalés dans toutes les parties du gouvernement et de l'administration, il était loin des idées absolues et arriérées de l'évêque de Clermont (1), lequel appartenait à cette fraction de royalistes rebelles à toute concession. A l'exemple des curés poitevins, l'abbé Mathias se réunit au Tiers-Etat sans attendre la décision définitive de la Chambre du clergé, et là il s'associa aux idées et aux votes de la portion raisonnable du côté droit, de ceux que l'on appelait tantôt les monarchistes tempérés, tantôt les malouelistes. Il entra en relation d'amitié et en communauté d'opinion avec MM. Malouët, Lally-Tollendal, Clermont-Tonnerre, de Virieu, etc. Comme eux, il nourrit l'espoir d'opérer sans secousse un compromis entre les aspirations nouvelles de la nation et les institutions de l'ancien régime ; comme eux, désillusionné après avoir été fervent admirateur des premières tendances, des premiers actes de

---

(1) M. Mège est un partisan de la Révolution, il ne faut donc pas s'étonner de le voir donner des coups de pieds à tous ceux qui opposèrent de la résistance aux idées nouvelles.

la Révolution, il revint en arrière après les funestes journées des 5 et 6 octobre 1789. Comme eux, depuis cette époque, il appuya davantage à droite, laissant dans son esprit les idées de conservation prendre le pas sur les idées de progrès ; comme eux enfin, il accentua dès lors plus fortement sa résistance aux entraînements populaires, et sa répugnance pour les mesures dictées à l'Assemblée nationale par les passions du dehors... Homme d'esprit et de savoir, habitué à la chaire évangélique, l'abbé Mathias ne prit cependant jamais la parole aux séances publiques de l'Assemblée nationale. Il est juste de dire toutefois que l'abbé Mathias travailla beaucoup et se tint au courant de toutes les questions importantes, spécialement de celles qui pouvaient intéresser directement son pays d'origine (1). »

M. Mège, dans ses opuscules, accuse les députés de la droite, surtout de Lacqueuille, Malouët et l'abbé Mathias de s'être déjugés ; il prétend qu'après avoir émis des idées libérales et progressistes, et donné à plein collier dans le mouvement social vers la liberté et les réformes, ils s'arrêtèrent tout court, revinrent même en arrière, brûlant ce qu'ils avaient adoré et se rangèrent parmi les autoritaires absolus, hostiles à toute concession et à toute innovation. Cette alléga-

(1) *Notice sur l'abbé Mathias.*

tion ne paraît pas juste. Ces députés, auxquels je joins M. Lollier, curé d'Aurillac, qui lui aussi se montra tout d'abord partisan des réformes, ces députés, dis-je, très progressistes et hardis réformateurs, ne se déjugèrent pas, ne revinrent pas en arrière : seulement, s'apercevant que l'Assemblée faisait fausse route, amoncelait les ruines au lieu d'accomplir les réformes, que le parti anarchiste et la politique de l'émeute menaçaient de tout emporter, ils comprirent qu'on ne pouvait aller plus loin et ils eurent le bon sens de s'arrêter ; ils se raidirent sur les bords de l'abîme, demandant des réformes et non des destructions. Ceux qui ne s'arrêtèrent pas tombèrent dans le gouffre ; témoins : Gerle, Bourdon, Brignon, Hébrard, qui firent de tristes choses et de tristes fins.

M. de Montlosier et l'évêque de Clermont furent du nombre des orateurs les plus marquants de la Chambre :

« Le comte de Montlosier, dit Gabourd, tout récemment élu par la noblesse d'Auvergne, avec une élocution facile et un talent inégal, n'avait point encore pris rang dans les luttes politiques ; mais on pressentait qu'il ne tarderait pas à s'y mêler avec la tenace énergie d'un montagnard (1). »

(1) *Histoire de la Révolution.*

De Montboissier, de Mascon, Taillardat de La Maison-Neuve ne prirent pas souvent la parole, mais soutinrent de leurs votes la bonne cause.

Dom Gerle se fit remarquer par ses hardiesses et ses excentricités. Remplaçant M. de La Bastide, démissionnaire, il fut introduit à l'Assemblée nationale le 11 décembre 1789. Esprit ardent, généreux, désireux des réformes, il se jeta dans le parti du mouvement et se plaça à la gauche de l'Assemblée nationale. Dès le lendemain de son admission, il monte à la tribune, offre en don patriotique à la patrie une partie considérable d'argenterie au nom de sa communauté la Chartreuse Sainte-Marie et puis, dans le but de faire cesser l'état d'incertitude où se trouvent les religieux en France, il prononce un discours éloquent qui mérita les honneurs de l'impression ordonnée par l'Assemblée nationale.

« L'éclat de ce début, dit Mège, attira l'attention sur Dom Gerle qui ne tarda pas à être nommé membre du comité ecclésiastique. Du reste, il convenait parfaitement à de pareilles fonctions. Pendant l'exercice de son mandat, il ne cessa de s'occuper avec la plus grande sollicitude du sort des religieux ses confrères. Chaque fois que l'occasion s'en présentait, il prenait leur défense avec le plus grand zèle, avec la conviction la plus sincère. A la séance du 2 janvier 1790, M. de Montlosier ayant dit qu'il y avait dans les cloîtres, notamment à la Trappe et chez les Chartreux, des religieux emprisonnés, victimes du despotisme monacal, dom Gerle combattit avec force cette allégation, affirmant que dans vingt-deux communautés de Chartreux qu'il avait visitées, il n'avait trouvé que deux moines enfermés, et ce pour cause d'aliénation mentale. Il fit tous ses efforts pour faire allouer aux religieux des pensions d'un chiffre élevé... C'était encore pour lui l'époque des illusions; il s'imaginait pouvoir concilier et faire marcher de pair ses convictions religieuses et ses aspirations rénovatrices. S'il appartenait au club des Jacobins, il n'en partageait pas néanmoins toutes les tendances; il n'était pas homme à être enrégimenté dans un parti, il suivait avant tout ses inspirations : il allait en enfant perdu, tirant à tort et à travers (1). »

Bourdon, Bonnefoy, Brignon, Redon, Girot-Pouzol, Andrieu, Huguet, Branche, Riberolles, Vimal, Grenier, n'étant pas orateurs, jouèrent un rôle effacé à l'Assemblée nationale. A peine le *Moniteur* cite-t-il quelques paroles, quelques motions sorties de la bouche de ces députés.

Il en fut autrement de Dufraisse du Cheix.

---

(1) *Notice sur Dom Gerle*, par S. Mège.

Voici le portrait exagéré que fait Mège de ce député d'Auvergne :

« Aux Etats-généraux, dit-il, Dufraisse se rangea aux côtés de ses compatriotes, Malouët, Redon, Taillardat de La Maisonneuve, l'abbé Matthias, avec lequel il vécut dans l'intimité. Mais son tempérament fougueux et l'intolérance de son esprit l'emportèrent souvent au-delà de la ligne modérée suivie par ces députés. Dans le cours des discussions, il prit souvent la parole, mais ce n'était pas un orateur, pas même un discoureur : c'était un disputeur, un interrupteur des plus violents, une façon de tirailleur irrégulier qui s'était donné la mission de surveiller et de harceler sans relâche l'ennemi des bien pensants... Défenseur de la religion, Dufraisse est aussi exclusif, aussi intolérant que les moins instruits, que les prêtres les plus exaltés. Comme royaliste, il est tout aussi entier, tout aussi opiniâtre ; sans se soucier de la logique et des décisions déjà prises, il soutient toutes les mesures qui lui paraissaient de nature à fortifier et à consolider l'autorité royale... Il ne discute pas, il procède par voie de réclamation, d'apostrophe, il ne fait pas à proprement parler de discours : il interrompt, il cherche par quelques mots, par quelques phrases projetées violemment à démonter ses adversaires, à entraver le développement de leurs propositions. Quelle différence avec Malouët, si prudent, si digne, si conciliant dans ses aspirations et dans ses discours ! (1) »

Ce que Mège dit de Dufraisse du Cheix, il aurait pu le dire de Biauzat ; celui-ci, en effet, au sein de l'Assemblée nationale, se montra un vrai disputeur, un interrupteur violent, exclusif, intolérant, apostrophant ses adversaires avec audace et sans pitié ; il était en outre un dénonciateur effronté et un calomniateur haineux de ses confrères. Dans le *Moniteur universel* je trouve des dénonciations portées à la tribune par lui contre l'évêque de Clermont, l'abbé Mathias, Malouët, Bancal de Clermont et autres personnages : il attaque le clergé, la noblesse, les aristocrates de son pays ; il sollicite contre eux les mesures les plus sévères ; c'était un homme sans cœur, un esprit excentrique, un mauvais confrère, il haïssait les députés de la droite. Un jour, en pleine séance, se tournant du côté droit, il dit : « Ils sont là, nos ennemis (2). »

Quelques aventuriers avaient organisé une compagnie sous le nom de *Compagnie de Sciota*, dont le but était la colonisation des rives de l'Ohio dans les Etats-Unis d'Amérique. Pour se procurer des

---

(1) *Notice sur Dufraisse de Cheix*. L'aversion de Mège pour l'ancien régime perce par trop dans ce portrait d'un homme qui défendit vaillamment la bonne cause.

(2) *Le Moniteur* t. VIII, p. 560.

hommes et de l'argent, cette compagnie se livrait à des manœuvres criminelles et faisait les plus belles promesses.

Or, le 2 août 1790, à l'Assemblée nationale, en l'absence de l'abbé Mathias, Gaultier-Biauzat, « égaré, comme dit Mège, par des dénonciations calomnieuses, que son patriotisme inquiet et soupçonneux lui faisait accueillir malheureusement avec trop de facilité, » prit la parole et dénonça l'abbé Mathias comme prêtant son concours à cette compagnie. Instruit de cette basse action, M. Mathias écrivit et publia une lettre fort longue dans laquelle il disait : « Vous m'avez calomnié, Monsieur, auprès de l'Assemblée nationale, dans un de ces accès de frénésie aveugle que vous prenez apparemment pour du pur patriotisme ; vous m'avez dénoncé, moi votre compatriote et votre collègue, comme coupable ou complice d'un projet, formé, selon vous, dans le dessein de transporter une grande partie des habitants de France sur les rives de l'Ohio... Le démenti que je n'ai pu vous donner sur l'heure même, je vous le donne aujourd'hui de la manière la plus formelle. Quelque jugement que l'on porte sur la compagnie de Sciota, je suis entièrement étranger à ses intérêts, à ses projets, à ses spéculations... » Cette affaire n'eut pas de suite, mais elle prouve le mauvais cœur de Gaultier-Biauzat.

Quant aux députés de la Haute-Auvergne, ils n'étaient pas orateurs. Mgr de Ruffo, de Vernière, Lollier, Saint-Martial de Conras, le duc de Caylus, Bertrand, parlèrent peu à l'Assemblée nationale; du moins le *Moniteur universel* ne cite aucun de leurs discours. Devillas et Armand hasardèrent quelques mots ; de Rochebrune et Hébrard parlèrent plusieurs fois et firent même des motions que l'on remarqua.

Quoique divisés d'opinion, les députés de la Haute-Auvergne conservèrent entre eux des relations sinon amicales, du moins dignes; l'histoire n'accuse à leur endroit aucun de ces démêlés violents, haineux, qui existaient parmi les députés de la Basse-Auvergne. Parmi ceux-ci, le désaccord, qui se manifesta dès les premiers jours des Etats-Généraux, s'accentua pendant la tenue de l'Assemblée et il se faisait jour à chaque instant.

Biauzat parlait de Malouët en termes grossiers. Dans une lettre datée du 9 mai 1789, il disait: « M. Malouët n'est pas un terrible homme, mais c'est un mauvais citoyen à mon avis. » Ailleurs, il l'appelle ironiquement le *dieu de la députation* de Riom (1).

La vieille animosité qui existait entre Riom et Clermont, au sujet de la suprématie, reçut un nouvel

---

(1) *Les Fondateurs du Journal des Débats*, par Mège, p. 26.

aliment lors de la division de la France en départements, et donna occasion mainte fois aux députés de ces deux villes de manifester leur antipathique jalousie.

« Toute la province était partagée, dit Mège ; d'un côté, les partisans de Riom, de l'autre les défenseurs de Clermont. La députation était divisée comme la province. D'un côté : Biauzat, Huguet, Grenier, Vimal, Riberolles ; de l'autre : Malouët, Redon, Lacqueuille, Dufraisse ; mais les vrais champions étaient certainement Biauzat et Huguet en face de Malouët et de Dufraisse. Plusieurs fois cette division dégénéra en lutte, en scission ouverte... Lors des préliminaires pour la transformation des Provinces en départements, nouvelle lutte, nouvelles dissensions plus accusées encore. Riom voulait avoir tout à la fois le chef-lieu du département et la Cour souveraine. Clermont affichait les mêmes prétentions. Dufraisse apporta dans ces discussions le même zèle exagéré en faveur de Riom, la même véhémence envers ses contradicteurs. Et ce n'était pas seulement dans les bureaux, dans les comités, dans les conférences particulières que se manifestait cet antagonisme des villes, des deux députations ; plusieurs fois, il s'était produit au grand jour de l'Assemblée (1).

(1) Voir Pièces justificatives, n° 1.

« Dans une réunion des députés de la Province qui avait lieu à un hôtel de la place Vendôme pour fixer la limite de nos départements, dit Montlosier, il s'éleva entre un des députés du côté gauche, M. Huguet et moi, une contestation sur ces limites. Dans cette contestation, je ne sais pourquoi j'eus à prononcer le nom de Malouët. « Votre Monsieur Malouët, me dit Huguet, n'est qu'un intrigant. » Je me sentis offensé plutôt comme membre du côté droit que pour M. Malouët que je connaissais peu et que je ne voyais pas ; je répondis à M. Huguet : « Sachez, Monsieur, que M. Malouët que vous insultez ici sans raison n'est pas plus un intrigant que vous n'êtes un fripon. » A ce mot de fripon, il se lève, me charge d'injures ; des injures il passe aux provocations et aux menaces. Nous nous rendons le lendemain au Bois de Boulogne, M. de Riberolles était son témoin ; je ne sais qui était le mien. Le combat fut long et opiniâtre ; à la fin, je lui portai un coup d'épée au bas ventre qui le perça de part en part. Il tomba sur le coup ; nous le croyions mort. Sa blessure ne se trouva pas pourtant mortelle ; au bout de trois mois, il fut rétabli (1) ».

(1) *Mémoires de Montlosier*, t. II, p. 321.

CHAPITRE V

ANARCHIE DANS L'ASSEMBLÉE NATIONALE. — ABOLITION DES DROITS FÉODAUX, 4 AOUT 1789.

Au moment de la grande peur, pendant que le mouvement révolutionnaire se propageait et produisait çà et là des désordres et même des émeutes sanglantes, l'Assemblée nationale poursuivait son œuvre de destructions radicales.

A peine organisée, n'ayant encore que trois mois d'existence, elle était elle-même livrée à l'anarchie. Voici le portrait qu'en fait un député d'Auvergne, M. de Montlosier.

« Je me rendis à Versailles, dit-il, où je trouvai tout sens dessus-dessous. La première personne que je vis un peu à mon aise, ce fut M. de Chabrol, père de MM. de Chabrol d'aujourd'hui. Il me parla de l'Assemblée et des choses du moment comme il devait m'en parler. — Pendant quelque temps, me dit-il, il y a eu une division de bureaux et alors on pouvait faire entendre quelques paroles raisonnables. Aujourd'hui vous trouverez les bureaux abandonnés. L'Assemblée est une cohue où il n'est permis d'exprimer que les fureurs et les passions du dehors. — Les autres députés de mes amis, ceux même d'entre eux que j'avais vus anciennement les plus disposés à l'espérance me parurent consternés... Malouët qui allait régulièrement se désoler chez M. de Montmorin et ensuite chez M. Necker, venait de là à l'Assemblée. Cet homme, que j'ai vu depuis dans des attitudes autrement élevées, se contentait, au milieu des désordres de toute espèce qui étaient à réprimer, de demander avec un ton humble et méthodique que les lois fussent exécutées, que les officiers donnassent main-forte, que le roi pût continuer la levée des impôts. D'autres personnages du côté droit et du côté gauche faisaient les mêmes demandes avec les mêmes lamentations. Les dominateurs de l'Assemblée donnaient à ces lamentations une attention sournoise; le plus souvent ils riaient entre eux... Mettez ensemble la haine la plus violente contre la noblesse : haine d'envie, de ce qu'elle possédait généralement, sous le nom de seigneurie un ordre de propriétés qui se séparait du corps commun des propriétaires : haine d'envie de ce qu'elle possédait par la naissance des avantages particuliers de distinction et de considération ; ajoutez-y la haine contre le clergé comme ministre d'une religion que la philosophie avait depuis quelque temps tournée en ridicule ; ajoutez un mouvement de cupidité dans les capitalistes et les créanciers de l'Etat, un système d'humiliation et d'abaissement à l'égard du roi, en résumé la servitude du roi, de la noblesse et du clergé, un plan bien suivi d'oppression conduisant à leur anéantissement final : tels étaient en somme les ingrédients avec lesquels dans la *caverne* de l'Assemblée nationale et dans les autres cavernes qui en dépendaient, on travaillait à la *liberté politique*. Cette liberté hideuse, objet de délectation pour tous les vices et qui devait s'obtenir pour tous les crimes, trouvait des sympathies dans tous les vices de l'Europe et du repoussement et de l'horreur dans tout ce que la civilisation européenne avait de bons sentiments et de vertus. Le premier orateur de l'Angleterre, Burke, appela l'Assemblée nationale un *pandémonium* (réunion de tous les diables). Tout ce qu'il y avait d'hommes raisonnables en Europe confirma cette dénomination. Dans cette Assemblée, toutes les fois que j'y entrais, j'éprouvais la plus douloureuse impression (1). »

Dans la séance du 4 août 1789, le beau-frère du général Lafayette, le libéral comte de Noailles, s'étant écrié que le seul moyen de calmer l'effervescence populaire était d'abolir les droits féodaux, sa parole fut comme une bombe incendiaire lancée au milieu des matières inflammables. Pris d'un enthousiasme fiévreux, la noblesse et le clergé renoncèrent à leurs

---

(1) *Mémoires de Montlosier*, t. I, p. 249.

droits et privilèges nominaux ou pécuniaires, et l'Assemblée déclara abolis tous les droits seigneuriaux, tels que les droits de garenne, de chasse, de pêche, etc. Elle vota l'égalité des impôts, l'admission de tous les citoyens aux emplois civils et militaires, le rachat de la dîme, la destruction des justices seigneuriales et des privilèges des villes et des corporations.

Un an après, dans la séance du 19 juin 1790, l'Assemblée nationale, « considérant que la noblesse héréditaire, née de la féodalité, ne peut subsister dans un État libre, dont la constitution est fondée sur l'égalité des droits, décrète que la noblesse héréditaire est pour toujours abolie en France ; qu'en conséquence les titres de marquis, comte, prince, vicomte, duc, vidame, baron, chevalier, messire, écuyer, noble, et tous autres titres semblables, ne seront pris par qui que ce soit, ni donnés à personne ; que tous les citoyens ne pourront prendre que le vrai nom de la famille et leur nom patronymique ; que personne ne pourra porter ni faire porter de livrée, ni avoir des armoiries ; que l'encens ne sera brûlé dans les temples qu'en l'honneur de la divinité et ne sera offert à qui que ce soit ; que les titres de Monseigneur, de Messeigneurs ne seront donnés à aucun individu, ni à aucun corps (1). »

(1) *Moniteur*, t. IV, p. 678.

Voila la noblesse abolie. Dès lors, en Auvergne comme ailleurs, commence contre elle une guerre d'extermination.

« Ceux-là du moins, dit Gabourd, en parlant des nobles et des prêtres, donnèrent sans recevoir et la bourgeoisie qui obtint ces dépouilles volontaires, ne les paya que par l'ingratitude et l'outrage. C'est la reconnaissance ordinaire des partis (1). »

L'abolition de la noblesse et des droits féodaux, loin d'arrêter les désordres, les multiplia. Impatients de jouir des droits de pêche, de chasse, les bourgeois, les ouvriers, des paysans égarés parcourent les campagnes, dépeuplent les viviers, les garennes, ravagent les parcs, forcent les greniers, pillent les châteaux, et pour donner un prétexte à leurs méfaits, ils font courir le bruit que les nobles incendient les moulins pour affamer le peuple, et défendent à leurs fermiers de vendre les grains.

« Après les décrets du 4 août, dit Taine, et malgré la loi qui ne permet la chasse qu'au propriétaire et sur son bien, l'impulsion est irrésistible. Tout homme qui peut se procurer un fusil entre en campagne; les moissons encore sur pied sont foulées, les capitaineries envahies, les enclos escaladés; le roi lui-même est réveillé à Versailles par les coups de fusil

---

(1) *Histoire de la Révolution*, t. I, p. 221.

tirés dans son parc. Cerfs, biches, daims, sangliers, lièvres, lapins, tués par milliers, sont cuits avec du bois volé et mangés sur place. Pendant deux mois et davantage, c'est une fusillade continue par toute la France, et comme dans une savane américaine, tout animal vivant appartient à qui l'abat.

A Choiseul, en Champagne, non seulement tous les lièvres et perdrix de la baronnerie sont exterminés, mais les étangs sont pêchés ; on vient jusque dans la cour du château tirer sur le colombier et détruire les pigeons, après quoi on offre au propriétaire de lui vendre ses pigeons et son poisson dont on a de trop. Ce sont les patriotes du village avec les contrebandiers et les mauvais sujets des alentours, qui font seuls cette expédition ; on les retrouve au premier rang dans toutes les violences, et il n'est pas difficile de prévoir que sous leur conduite, les attentats contre les personnes et les propriétés publiques vont se continuer par des attentats contre les personnes et les propriétés privées (1). »

« L'œuvre des brigands, dit de Montlosier, fut sanctionnée par un autre brigandage appelé la nuit du 4 août. On a vu comment, pour sauver Foulon et Berthier des fureurs du peuple sur la place de Grève, on s'était mis à les peindre comme des scélérats et

---

(1) *La Révolution*, t. I, p. 93.

des hommes infâmes. Au temps de la nuit du 4 août, à l'Assemblée et ailleurs, les honnêtes gens du parti populaire ne commandaient pas directement le massacre, ils représentaient seulement les nobles comme un troupeau de misérables qui, en vertu de *leurs parchemins antiques, buvaient la sueur du pauvre, recueillaient le fruit de ses travaux, dévoraient le fruit de ses veilles.* Ils s'extasiaient sur la grandeur du *peuple nouveau* qui venait de se montrer en France. Ce peuple nouveau était celui de la grève au 14 juillet, ainsi que les bandes de l'Agenois et du Limousin, la hache et la torche à la main. Dès que les décrets de la nuit du 4 août ont été connus en France, il n'est pas un homme de bon sens qui n'en ait pas gémi et frémi. Je ne parle pas ici de nobles : je parle de ce que j'ai vu dans la bourgeoisie même et dans les barreaux, de ce que j'ai vu parmi ceux qui, dans le commencement, avaient montré le plus de zèle pour la liberté et la démocratie. Je pourrais citer ceux de mes propres amis qui, à d'autres égards, étaient le plus divisés avec moi d'opinion, je les ai vus dans la consternation. La même impression a été éprouvée dans toute l'Europe. Partout il a été convenu de regarder cette fameuse nuit et ses décrets comme une bacchanale d'insensés et d'ivrognes. L'Assemblée força le roi d'approuver l'orgie du 4 août. Il lui fallut du temps pour cela. Au premier moment le roi en fut aussi effrayé que tous les gens raisonnables ; il fut effrayé encore plus quand il vit que même avec ces sacrifices, les excès n'avaient pas été diminués, qu'ils avaient été au contraire aggravés. Le garde des sceaux disait à l'Assemblée : « Vous ne l'ignorez pas, Messieurs, les propriétés sont violées dans les Provinces ; des mains incendiaires ont ravagé les habitations des citoyens, les formes de la justice sont méconnues et remplacées par des voies de fait et des proscriptions. — L'Assemblée ne tient aucun compte de ce discours (1). »

Voici comment le marquis de Lacqueuille apprécie l'abolition de la noblesse commencée le 4 août 1789, et consommée par le décret du 19 juin 1790 : « Dans ce moment, dit-il, où l'Assemblée nationale a cru pouvoir, par un décret, anéantir la noblesse française, il est du devoir de chaque député de faire connaitre à ceux qui paraissent l'oublier, que son existence a fondé et soutenu le royaume, que c'est l'intérêt le plus cher du peuple français, qui cessera d'être franc dès qu'il aura perdu ses vrais soutiens, que la France cesserait d'être monarchie, si l'on pouvait anéantir la noblesse ; car où il n'y a pas de nobles, il n'y a l'Assemblée substitue l'aristocratie la plus dangereuse. Le mot qui a servi de ralliement pour persécuter les royalistes est le nom qu'elle a mérité. Je déclare donc attentatoire à la liberté du peuple français, le décret qui voudrait le priver de sa noblesse. Plusieurs de ses membres ont contribué de leur sang à la gloire du peuple, et sont prêts à le répandre en entier pour défendre sa liberté et sa sûreté. C'est à ce même peuple, non égaré, mais éclairé, qu'ils en appellent pour soutenir leurs droits. Leurs intérêts sont communs...

Comme c'est avec son épée que la noblesse a acquis ses titres, c'est avec cette même épée qu'elle les soutiendra contre les ennemis de l'Etat (1). »

Il adressa cette protestation au président de l'Assemblée qui refusa de la reproduire à la séance.

M. de Lacqueuille, dans une brochure intitulée : *Opinion du marquis de Lacqueuille*, protesta contre les actes de l'Assemblée nationale : « Pourquoi avons-nous été appelés, demande-t-il, et que nous a-t-on ordonné en nous constituant représentants de la nation ? De réformer les abus, d'affermir l'autorité du roi en écartant l'arbitraire des ministres, d'améliorer les finances, de soulager le fardeau de l'impôt qui pesait sur la classe indigente du peuple, et d'assurer

---

(1) *Notice*, par Mège, p. 14.

la dette de l'Etat après en avoir écarté les intérêts usuraires. Voilà notre mission. Qu'avons-nous fait ? »

Et il part de là pour récapituler sommairement, en les incriminant, tous les actes de l'Assemblée. Les députés de la nation se sont déclarés Assemblée nationale; ils ont prévariqué. Qui leur avait permis de prendre ce titre ? « N'étaient-ils pas convoqués pour les Etats-généraux ? Comment pouvaient-ils se déclarer, au mépris de leurs serments, Assemblée constituante, tandis qu'ils savaient bien qu'ils n'étaient et ne sont encore qu'une Assemblée constituée ? Mais, non seulement ils ont prévariqué en ce point essentiel, ils ont cru devoir se lier par un serment incroyable, aussi attentatoire à l'autorité de la nation qu'à celle du roi. Et l'on vient nous dire que nous sommes tous liés par ce serment ! Le Comité a donc oublié qu'à cette époque la moitié de ce qui compose aujourd'hui l'Assemblée nationale n'était pas réunie à celle qui existait au Jeu de Paume ; et je suis bien aise de trouver l'occasion de déclarer à cette Assemblée que je ne me serais jamais rendu coupable d'un pareil forfait, car c'en est un de manquer à la loi, au roi et à la nation. Je viens d'entendre le préopinant (Mirabeau) déclarer que l'Assemblée nationale avait rendu à la France la liberté, et lui avait recouvré tous ses droits. Cela n'est pas. C'est la nation elle-même qui les a réclamés dans nos cahiers, et le roi qui les lui a accordés dans sa déclaration du 23 juin... »

Tous les députés d'Auvergne n'appréciaient pas la destruction des titres nobiliaires comme MM. de Montlosier et de Lacquèuille ; naturellement les députés du Tiers donnaient leur complète approbation. Voici ce qu'écrivait le député Riberolles à un de ses frères :

« Paris, le 22 juin 1790. Notre séance du samedi au soir fut bruyante, mais intéressante... Dans cette soirée qui ressemblait assez à la nuit du 4 au 5 août, ce qui pouvait exister d'apparent du gothique régime féodal, titres, qualifications, livrées, armoiries, noms de terre, tout fut aboli. Et ces misérables restes de l'orgueil qui devaient tomber d'eux-mêmes, ce qui n'était qu'en conséquence de nos décrets du 4 août, trouvèrent des défenseurs zélés qui manifestèrent qu'ils mettaient encore beaucoup de prix à ces vieilles chimères. Beaucoup de femmes ont eu besoin dans cette soirée, du secours d'eaux spiritueuses pour les faire revenir.

« L'on a vu cependant avec plaisir que les auteurs de la motion et leurs plus fermes appuis étaient M. Lafayette, les Lametts, les Montmorency, les Noailles, etc. Nos députés ne verront plus à leur arrivée ces emblèmes de la servitude qui révoltaient les étrangers. Ils ne verront plus aussi de galons de soie, ni armoiries sur les voitures et je fus moi-même étonné que le lendemain de ces décrets, dimanche, où j'allais au spectacle, pas un de ces aboyeurs qui appellent les personnes à voiture pour indiquer qu'ils sont attendus, pas un ne prononçât la qualification de duc, comte et marquis. Nous voilà nous-mêmes, mon cher frère, débaptisés du nom le plus familier, non pas à nous, mais à ceux avec qui nous vivions. Nous ne serons pas ceux à qui le sacrifice coûtera le plus. Nous n'avons jamais voulu prendre d'autre nom que celui qui doit nous rester, et je n'aurai pas de changement à faire à celui de mes enfants (1). »

Cet anobli avait toujours signé simplement *Gilbert Riberolles*, sans particule.

Tout en approuvant la destruction des titres de noblesse, Gilbert de Riberolles ne pouvait s'empêcher d'avouer que le désordre était à son comble en Auvergne et dans toutes les Provinces. Le 24 août 1789, quelques mois après la première séance des Etats-Généraux, il écrivait à son frère : « L'anarchie s'accroit journellement ; toute espèce de contribution est arrêtée et je crois le royaume à deux doigts de sa perte, si le pouvoir exécutif ne reprend bientôt l'activité qu'il doit avoir... » (2)

(1) *Notice sur Riberolles*, par Mège, p. 13.
(2) Id., pag. 10.

Couthon, avocat à Clermont, plus tard député à l'Assemblée législative et à la Convention, trouvait que l'Assemblée constituante n'avait pas assez radicalement détruit la féodalité ; voici ce qu'il disait dans un discours prononcé dans la séance du 29 février 1792 : « Le 4 août, l'abolition indéfinie du régime féodal est décrétée ; toute la France applaudit à ce décret et huit mois après l'Assemblée constituante en rend un second qui consacre tout l'utile de ce même régime, en sorte qu'avec l'air d'avoir fait beaucoup pour le peuple, l'Assemblée constituante n'a presque rien fait et l'a toujours laissé en proie au despotisme des ci-devant, seigneurs et aux exactions de leurs agents. Vous avouerez, en effet, que ce n'était pas précisément l'honorifique du régime féodal qui pesait sur le peuple.,. C'étaient les droits utiles tels que cens, censives, rentes, dols et ventes. Or tous ces droits ont été conservés par les decrets de l'Assemblée constituante du 15 mars 1790... et l'on veut que le peuple croie au règne de la justice, au règne de la liberté, au règne de l'égalité ?... (1) »

Voici, sur l'extinction des droits féodaux, ce que pensaient les députés Malouët, Dufraisse de Cheix et Tailhardat de La Maisonneuve. Le lendemain même

---

(1) *Moniteur*, t. II, p. 505.

de la fameuse séance du 4 août, ils écrivirent la lettre suivante aux officiers municipaux de Riom.

« Paris, 5 août 1789.

« Messieurs,

« Au milieu des inquiétudes et des dangers de toute espèce dont nous avions l'effrayante perspective, la scène la plus inattendue, la plus patriotique, la séance la plus mémorable ont consacré la journée d'hier et immortalisé l'Assemblée nationale.

« On délibérait sur les moyens de calmer le peuple. Le vicomte de Noailles a proposé de détruire les droits féodaux en en déterminant le remboursement. Les ducs d'Aiguillon et du Châtelet ont appuyé cette motion et la salle a retenti du bruit des applaudissements. Le marquis de Foucaud a proposé l'abandon des grâces, des traitements de la cour; les évêques celui des droits de chasse; les curés celui de leur casuel. La justice gratuite, la proscription de la vénalité des charges, des annates, de la pluralité des bénéfices, ainsi que celle des jurandes et maîtrises ont été prononcées. Toutes les corvées, tout ce qui grève le peuple, tout ce qui l'humilie n'existera plus.

« Le roi a été proclamé restaurateur de la liberté française; une médaille, une fête patriotique ont été instituées. Toutes les Provinces, toutes les villes ont fait l'abandon de leurs privilèges. La séance a duré jusqu'à deux heures du matin. Jamais plus belle nuit n'a terminé tant de jours d'affliction. Il faut espérer que le peuple sera ému de tant de générosité et rentrera dans l'ordre.

« Signé : Malouet, Dufraisse du Cheix, Tailhardat de La Maisonneuve. »

Deux jours après, l'enthousiasme était tombé et des craintes sérieuses venaient assaillir l'esprit de nos trois députés. Ils écrivirent aux officiers municipaux de Riom la lettre que voici :

« Paris, le 7 août 1789.

« Messieurs,

« Nous vous avons annoncé le 5 de ce mois ce qui s'était passé la nuit, savoir les sacrifices généreux du clergé et de la noblesse, volontairement faits, et à l'envi prononcés par le plus noble patriotisme. Mais nous avions entendu au milieu des acclamations, ou nous avions cru entendre que tous les droits féodaux étaient susceptibles de remboursement. La rédaction de l'arrêté qui n'a eu lieu que le lendemain a donné lieu à une grande discussion, et nous avons vu avec inquiétude que tous les droits féodaux et censuels, représentatifs de la servitude personnelle ou réels, sont supprimés sans indemnité.

« Nous craignons fort que ce décret n'excite les plaintes et les réclamations de la noblesse d'Auvergne ; nous craignons qu'il n'en résulte de nouveaux troubles, et nous aurions désiré que la proscription très raisonnable du régime féodal n'eût compromis les propriétés de personne. Au total, nous ne sommes pas tranquilles sur le mouvement actuel des villes et des campagnes. Tous les ministres sont venus aujourd'hui à l'Assemblée. M. le Garde des Sceaux a fait un tableau effrayant des désordres et des calamités publiques.

« M. Necker a annoncé le besoin le plus urgent d'un secours d'argent. La perception des impôts étant presque suspendue, l'un et l'autre ont invoqué le rétablissement de l'ordre et de l'exécution des lois, mais vous engageons toujours et nous ne doutons pas que vous n'y contribuiez en ce qui vous concerne. Nous avons l'honneur d'être... MALOUET, DUFRAISSE DU CHEIX, TAILHARDAT DE LA MAISONNEUVE. »

CHAPITRE VI

LE CINQ OCTOBRE 1789. — MASSACRE DE DES HUTTES DE NIERESTAUG. — DÉPUTÉS D'AUVERGNE INSULTÉS.

Dans le mois d'août 1789, l'Assemblée nationale, après l'abolition de la noblesse, vota la fameuse déclaration des Droits de l'Homme, qui contient les principes les plus révolutionnaires, tels que la liberté absolue de la presse, la souveraineté du peuple, la résistance à l'oppression, etc.

Le droit à la résistance, qui n'est que le droit à la révolte, porta bientôt ses fruits.

Le 5 octobre 1789, une horde innombrable d'hommes ivres et de femmes immondes, conduite par Maillard, se transporte à Versailles, où se trouvent l'Assemblée et la cour, avec la volonté bien arrêtée de conduire le roi à Paris, disant que sa présence dans la capitale ferait cesser la famine. Cette cohue passa la nuit autour du château royal. Le matin des brigands veulent s'introduire dans les appartements de la reine et deux officiers sont massacrés. L'un deux, Joseph des Huttes, était de Polminhac, non loin d'Aurillac, en Haute-Auvergne. Laissons Paul de Chazelles raconter son histoire :

« Le village des Huttes est sur la montagne à l'est et non loin du bourg de Polminhac avec un vieux château... François Pagès, seigneur des Huttes, était capitoul de *Toulouse en 1768, et membre de l'Election d'Aurillac* en la même année ; il eut une fille et quatre fils : Jérôme, Jean-François, Jacques-Philippe et Antoine-Joseph. Ces quatre fils prirent, pour se distinguer entre eux et d'après un usage ancien, les noms de d'Esclauzels, du Teil, de Lavalette et de Nierestaug, empruntés aux propriétés qu'ils possédaient. Ils servirent en même temps le roi Louis XVI en qualité de gardes du corps, compagnie Ecossaise. La mort de Nierestaug des Huttes est un événement qui appartient à l'histoire. Elle a laissé autour de son nom la triple auréole de l'honneur, du courage et de la fidélité.

Nierestaug des Huttes, le plus jeune des quatre frères, était doué d'une âme généreuse et d'un cœur chevaleresque. Entré de bonne heure dans la maison du roi, il y avait gagné de chaleureuses amitiés, parmi ses frères d'armes, attirés vers lui par sa nature sympathique, la loyauté de son caractère, la gaîté de son esprit et ce dévouement au roi qu'il devait sceller de son sang ; car il fut la première victime inscrite dans le nécrologe de la monarchie, qui commence au meurtre des gardes du corps pour aboutir à l'échafaud de Louis XVI.

Personne n'ignore les scènes horribles des 5 et 6 octobre 1789. Animé d'une haine mortelle contre la reine, couvant au fond du cœur le sombre désir de se frayer dans le sang de la famille royale une voie vers le trône, Philippe d'Orléans avait soudoyé la plèbe des faubourgs de Paris et l'avait lancée sur la route de Versailles. Des hordes féroces étaient entrées dans cette ville ayant à leur tête Maillard, un des héros de la Bastille, et un scélérat sans nom connu, l'homme à la *longue barbe*. Lafayette, arrivé sur leurs pas, s'était bercé d'une inexplicable confiance dans quelques précautions prises par lui; et, après avoir répondu au roi de la tranquillité publique, invité la multitude à se retirer, il était rentré lui-même à l'hôtel de Noailles, laissant le château cerné par des rassemblements menaçants et illuminé par le feu lugubre de leurs bivouacs.

M. le marquis de Lafayette avait pris soin de réparer, comme il le dit lui-même, le désordre... de sa coiffure, puis il s'était étendu sur un lit de repos : il dormait; mais pendant son sommeil, le crime était debout et trouvait des portes ouvertes et non gardées. Vers trois heures du matin, plusieurs brigands s'introduisirent par ces avenues dans la cour du château. Dirigés par des guides travestis, ils étaient parvenus jusqu'à l'escalier de marbre qui conduisait aux appartements de la reine ; mais là deux gardes du corps veillaient : c'était des Huttes et de Varicourt. Ces deux jeunes officiers comprirent le danger de la reine et se dévouèrent résolument à son salut. Varicourt s'élance vers les appartements intérieurs en criant aux gardes qui s'y trouvaient : « Sauvez la reine. »

Des Huttes reste à son poste, et seul, inébranlable, tient tête à cette multitude de brigands qui l'entoure et le presse. Un combat héroïque a lieu dans les ténèbres ; pendant quelques instants, l'intrépide garde du corps arrête la bande entière des forcenés, et donne au prix de sa vie, le temps à la reine de quitter les lieux où on espérait la trouver. Il tombe enfin, accablé par le nombre, percé de mille coups, et les brigands, passant sur son cadavre, peuvent gravir les marches de l'escalier ; mais là s'engage un nouveau combat, succombe une nouvelle victime, c'est Varicourt. On sait le reste : les envahisseurs s'acharnant à percer la couche vide de l'auguste princesse, Marie-Antoinette, sublime comme reine, épouse et mère, se montrant d'abord au balcon avec ses deux enfants ; puis un cri sinistre : Pas d'enfants ! Ramenant ceux-ci dans l'intérieur du palais, et reparaissant seule les bras croisés sur la poitrine, la tête haute, le front calme, devant les fusils qui la couchent en joue, si grande en ce moment qu'elle frappa d'admiration cette troupe d'assassins et qu'un seul cri, un cri d'enthousiasme put sortir de ses rangs : Vive la reine !

Quelques heures après, le roi se laissait entraîner à Paris; les signes de la destinée qui l'y attendait apparaissaient déjà devant lui : c'étaient les têtes de des Huttes et de Varicourt portées en triomphe par leurs assassins.

Les gardes du corps suivaient, l'œil morne, ce cortège funèbre, convoi de la royauté comme de ses défenseurs. Mais le souvenir de des Huttes devait vivre au fond de leur cœur, et parfois les frémissements d'indignation que leur avait causé sa mort s'exhalaient en termes brûlants du fond de leur poitrine (1).

Après le massacre des gardes du roi, Louis XVI est obligé de partir pour la capitale en compagnie du hideux cortège.

« Le roi part pour Paris, dit de Montlosier, au milieu d'une cohue d'hommes armés et non armés... tout cet attirail est précédé par la troupe de femmes et de brigands portant pour trophée les deux têtes de des Huttes et de Varicourt. A Sèvres, cette troupe s'arrêta un moment, c'était pour appeler un perruquier chargé de friser les deux têtes et de les laver (2). »

(1) *Dictionnaire du Cantal*. Art. Polminhac.
(2) *Mémoires de Montlosier*, t. I, p. 297 et 299.

« A Sèvres, dit Taine, on s'arrête chez un perruquier pour faire poudrer et friser les têtes ; on les incline pour saluer; on les barbouille de crème ; il y a des rires et des quolibets (1)... »

L'Assemblée suivit le roi à Paris et y tint désormais ses séances, au milieu des fureurs populaires, des insultes et des menaces.

« Quelques jours après, un député d'Auvergne, Dufraisse, nous rapporta, dit de Montlosier, que nommé pour accompagner le roi à Paris, il était parti, avec cinq de ses collègues, dans une des voitures du roi, qu'en passant au lieu appelé le *Point du jour*, le peuple leur avait fait des menaces... Malouët vint à son tour nous dire qu'il avait été non seulement insulté et menacé, mais poursuivi (2). »

Voici sur ce dernier fait le récit de Malouët lui-même : « En me rendant à pied aux Menus, je fus assailli sur la place d'Armes par une douzaine de brigands à piques, dont l'un me nomma et excita la troupe à m'arrêter. M. de Mirabeau passait aussi à peu de distance de moi et était entouré, mais avec bien plus de bienveillance, de cette odieuse troupe. Il aperçut mon embarras et courant à mon secours, il réprima les furieux. Je le remerciai froidement, tant il m'était difficile d'allier la reconnaissance que je lui

(1) *La Révolution*, t. I, p. 137.
(2) *Mémoires de Montlosier*, t. I, p. 302.

devais avec le sentiment qu'il m'inspirait alors... la contenance lugubre de l'Assemblée du lendemain, l'inquiétude et l'affliction répandues sur toutes les figures, le convoi funèbre du monarque qu'on traînait à Paris, précédé des têtes sanglantes de ses gardes de corps portées sur des piques, tout ce spectacle affreux me laissa une lueur d'espérance : je me persuadai que les provinces indignées se soulèveraient contre cette horde d'assassins (1). »

Les provinces ne se soulevèrent pas, mais il y eût dans l'Assemblée nationale une telle indignation, une telle frayeur, qu'un grand nombre de députés donnèrent leur démission. « Cent vingt membres de la minorité de l'Assemblée, dit Malouët, avaient donné leur démission ou s'étaient absentés depuis le mois d'octobre 1789. Parmi ceux qui étaient restés, les uns ne prenaient point de part aux délibérations, d'autres s'étaient imposé la loi de ne consentir à rien de ce qui serait contraire aux anciennes institutions, plusieurs voyaient avec satisfaction les entreprises les plus téméraires, les innovations les plus dangereuses, se persuadant que l'accumulation des injustices et des absurdités, ramènerait plus promptement le retour de l'ancien ordre de choses (2). »

L'émigration devient générale, la Terreur a com-

(1) *Mémoires de Malouët*, t. I, p. 346.
(2) Id., t. I, p. 383.

mencé. « La Révolution depuis le 5 octobre, dit encore le même député d'Auvergne, faisait horreur à tous les gens sensés de tous les partis et elle était consommée, irrésistible. La populace s'en était emparée; les fripons, les scélérats les plus obscurs avaient pris place aux premiers rangs, et ils contenaient les chefs comme les subalternes, quand ils ne les entrainaient pas. La Terreur, dont les républicains ne proclament le règne qu'en 1793, date pour tout homme impartial, du 14 juillet 1789 (1). »

Pendant qu'on amenait le roi à Paris, qu'on massacrait ses gardes, pendant que les châteaux brûlaient, que le peuple mourait de faim, que les émeutes ensanglantaient la capitale et la province à la veille des massacres réglés et de l'échafaud en permanence, un citoyen d'Aurillac, de Vixouges, chantait le bonheur de la France :

> Quels sont ces cris de joie et ces chants d'allégresse ?
> D'où naissent ces transports, cette soudaine ivresse ?
> Tout retentit au loin des accents de bonheur.
> O France, tu n'es plus en proie à la douleur.
> Il est enfin venu le temps où ton génie
> Va briser de tes fers la longue tyrannie.
> Tu vois luire déjà des jours purs et sereins
> Et tout doit t'annoncer les plus brillants destins (2).

(1) *Mémoires de Malouët*, t. I, p. 353.
(2) *La Révolution*, poème imprimé en 1789.

CHAPITRE VII

COMMISSION INTERMÉDIAIRE. — DIVISION DE L'AUVERGNE EN DÉPARTEMENTS. — NOUVELLES ADMINISTRATIONS. — FIN DE LA COMMISSION INTERMÉDIAIRE.

Au milieu de tous ces événements, la Commission intermédiaire, qui gouvernait la Province d'Auvergne, se trouvait dans de grands embarras, et les difficultés augmentèrent lorsque vint à lui manquer la coopération de MM. de Mascon, Branche et Grenier, députés aux Etats-généraux et lorsque M. de Beaune, président, donna sa démission, au mois de septembre 1789.

L'abbé de La Mousse et M. Perret d'Aurillac, restés seuls membres délibérants, firent tous leurs efforts, dans l'exercice de leurs fonctions, au milieu des transformations politiques, pour bien administrer la Province, mais le succès ne répondit pas toujours à leur dévouement.

« Dans les années précédentes, l'administration provinciale avait eu des difficultés à vaincre, parfois des résolutions à prendre sur des sujets délicats, mais jamais elle ne s'était trouvée dans une situation pareille à celle que lui créèrent les événements de 1789. D'un côté, ses traditions et ses connaissances en matière d'impôts se trouvaient singulièrement bouleversées par ces décrets qui assimilaient les ci-devant privilégiés aux autres contribuables et les soumettaient à l'impôt pour les six derniers mois de 1789, par l'établissement de la contribution patriotique et autres changements de même nature. D'autre part la misère générale, devenue plus grande encore par suite des ouragans et des mauvaises récoltes, rendait les recouvrements très difficiles, souvent même impossibles. L'Intendant ayant quitté son poste et l'Assemblée provinciale n'ayant pas en ce moment d'existence légale, la Commission intermédiaire était dans la Province le seul grand pouvoir resté debout... Elle continua avec résignation son labeur sans gloire, travaillant à la répartition des nouveaux impôts sur les privilégiés, cherchant à maintenir autant que possible en activité le service de l'entretiens des routes, évitant de s'immiscer trop avant dans les affaires des municipalités. Elle eut à s'occuper des décharges et dégrèvements d'impôt, et de la distribution de secours pour le soulagement des pauvres. La misère était au comble en Auvergne, si grande, qu'en janvier 1790, la Commission se vit obligée de faire distribuer, à titre de secours extraordinaires, aux municipalités les plus nécessiteuses, des sommes d'argent et des quantités assez considérables de riz, de farines et de fèves (1). »

La Commission provinciale s'occupa avec zèle à réprimer les désordres, en invitant les populations au calme et au respect des lois. Voici l'arrêté qu'elle prit le 19 septembre 1789 :

« Les députés composant la Commission intermédiaire provinciale d'Auvergne :

« Instruits que, dans plusieurs cantons de divers départements de cette Province, le calme et l'ordre public ne sont pas parfaitement rétablis; que des particuliers, même quelques municipalités, se sont permis des voies de fait contre leurs concitoyens, contre des officiers de justice, contre des préposés à la perception des impôts ou agents de la ferme générale :

« Après que Messieurs les procureurs-syndics provinciaux ont eu mis sur le bureau plusieurs lettres qui confirment à cet égard les justes plaintes de la Commission.

« Persuadés que le peuple d'Auvergne, essentiellement honnête, laborieux et fidèle, s'il a pu être induit à de fausses démarches par erreur, ou par l'effet d'une alarme aussi subite que générale (2), n'aurait besoin,

---

(1) Mège, p. 128-136.
(2) Allusion à la grande peur.

pour rentrer dans l'ordre et reprendre ses pacifiques travaux, que d'être rappelé aux instructions et décrets que l'Assemblée nationale a pris soin de faire circuler pour le rétablissement de l'ordre public et pour maintenir le recouvrement provisoire des impôts.

« Convaincus que le bien public et la régénération même la plus désirable ne saurait être opérée dans les crises de l'insubordination et de l'anarchie.

« Considérant que lorsqu'après l'hommage fait à la patrie des sacrifices les plus indéfinis par tous les ordres de l'Etat, les représentants de la plus généreuse nation travaillent, au conspect de l'univers, à concilier le soulagement des peuples avec l'honneur de la nation, l'intérêt des créanciers de l'Etat, l'amour du souverain et le bonheur de tous, notre confiance en leur zèle devrait être sans bornes, l'espoir de leur succès et l'attente du résultat de leurs travaux, sans impatience de notre part : nulle inquiétude que pour nous préserver nous-mêmes d'une fermentation dangereuse qui éloignerait de nous le calme et serait un obstacle au bien qu'on nous prépare.

« Considérant que si la perception actuelle des impôts en attendant le bienfait d'une répartition plus exacte éprouvait des retards affectés ou des contraventions multipliées, l'administration se trouverait, au détriment de la Province, hors d'état de faire face aux dépenses publiques : les travaux seraient suspendus, le cours des bienfaisances interrompu ; les sources d'améliorations taries, et tous moyens de soulagements dans les calamités publiques détruits.

« Avons arrêté d'écrire à chacun des bureaux intermédiaires des départements de cette Province pour, par eux en réunissant leur zèle à celui de la Commission provinciale à l'exemple des administrations de Rouen, de Nancy, de Villefranche et la ville de Milhau, inviter les municipalités de leurs districts à une confédération d'honneur, de vertu, d'humanité et de respect pour les lois : leur observer qu'appelés à la liberté et non à la licence, les particuliers ne peuvent, dans aucun cas, prétendre le droit de se aire à eux-mêmes justice par voie de fait, au mépris des lois et des tribunaux ; que les horreurs d'une telle anarchie seraient mille fois plus redoutables que les inconvénients du régime arbitraire ; qu'enfin, le désordre particulier des finances de la Province ou d'un département, si la perception courante des impôts pouvait être interrompue, ajouterait au malheur des temps, et, à la dette nationale, un surcroit de charges particulier à la Province, au département et aux collectes qui devraient tôt ou tard en supporrer le rejet.

« Et en conséquence, pour appuyer la présente délibération de tout notre pouvoir, nous déclarons que tous particuliers, toutes communautés qui se permettraient aucun excès, aucune infraction à l'ordre public, aucune entreprise sur la vie, l'honneur ou les propriétés des citoyens, qui refuseraient d'obéir à tous officiers investis d'une portion de l'autorité légitime, de payer les impôts existants confirmés par l'Assemblée nationale ou d'adhérer aux décrets des Etats-Généraux, revêtus de la sanction du souverain, qui donneraient enfin à la Province le scandaleux exemple d'une conduite illégale ou séditieuse, seront par nous publiquement dénoncés à la prochaine Assemblée de la Province.

« Et que cependant, pour ne point rendre de tels abus profitables aux contrevenants, la Commission intermédiaire provinciale déclare qu'elle ne croirait pas pouvoir, dans le cas ci-dessus expliqué, faire participer les dites communautés ou particuliers réfractaires aux bienfaits d'aucun genre de distribution dont elle aurait à disposer sur les fonds publics de la Province.

« Et sera envoyé à tous les départements pour être par eux adressé aux différentes municipalités et affiché partout où besoin sera.

Fait et arrêté à la Commission intermédiaire provinciale d'Auvergne, à Clermont-Ferrand, le 19 septembre 1789.

« Signé : L'abbé DE LA MOUSSE, PERRET et REBOUL, procureur-syndic provincial. »

Les désordres dans l'administration augmentent et la désorganisation devient universelle. Dans une lettre du 17 octobre, les membres de la Commission font part de leur détresse au directeur général des finances.

« Les municipalités de cette Province plus ou moins électrisées disent-ils, par une foule d'écrits circulaires, se constituent comme partout, à l'envi les unes des autres, et semblent acquérir une force de réaction qui peut d'un jour à l'autre faire naître des événements. L'espoir d'un soulagement dans la surcharge évidente des impôts avait soutenu le peuple jusqu'ici. Quel va donc être l'embarras des administrateurs et l'étonnement des contribuables, quand il faudra publier, répartir et supporter de nouvelles impositions?... Quelques-uns de nos bureaux intermédiaires ne peuvent déjà plus se compléter par la dispersion de leurs membres, et nous-mêmes, Monsieur, ne sommes pas sans inquiétude pour le bureau de la Province, au centre de la principale cité d'Auvergne. Les villes plus centrales se sont constituées chefs-lieux d'arrondissement et s'emparent de l'administration, non seulement de leur commune mais encore de celle de leur district. Les corps et les communautés, avec les riches particuliers, sont mis à contribution pour des dépenses dont les pauvres trouveront l'excédent fort à dire cet hiver et qui mettront les riches d'autant moins à l'aise pour solder le surcroit d'impôt qui les attend... »

Ainsi, dès 1789, tous les pouvoirs sont à peu près anéantis, les administrations désorganisées, les rouages rompus, l'arbitraire règne partout et chaque tas d'hommes, comme dit Taine, s'improvise gouvernement.

Au milieu de ces décombres, l'Assemblée nationale fit surgir un nouvel édifice. Par décret du 22 décembre 1789, et lettres patentes de janvier 1790, la France fut divisée en 83 départements ; chaque département en districts (ou arrondissements), chaque district en cantons, chaque canton en municipalités ou communes.

La Province d'Auvergne fut divisée en deux départements : celui du Puy-de-Dôme, chef-lieu Clermont, et celui du Cantal, où le siège de l'administration fut d'abord tour à tour à Saint-Flour et à Aurillac, et plus tard, définitivement fixé à Aurillac. Certains territoires de l'Auvergne furent englobés dans les départements voisins, tels que le district de Brioude, qui fut donné à la Haute-Loire, les paroisses de Gannat, Cusset, Saint-Pourçain, etc., qui furent cédées au département de l'Allier. La division et les délimitations des deux départements furent faites par des commissions composées des députés d'Auvergne et

Le département du Puy-de-Dôme fut subdivisé en huit districts dont les chefs-lieux furent : Clermont, Ambert, Issoire, Riom, Thiers, Besse, Billom et Montaigüt. Le Cantal en quatre : Saint-Flour, Murat, Aurillac et Mauriac.

Chaque département fut administré par un directoire et par un conseil général composé de 36 députés pris dans tous les districts. Ces 36 administrateurs s'assemblaient une fois par an pour discuter et régler chaque partie de l'administration départementale. Dans l'intervalle d'une Assemblée à l'autre, le gouvernement était dévolu au Directoire composé de huit membres pris parmi les trente-six administrateurs. Le Directoire restait en permanence et réglait les affaires courantes, tenait les comptes, faisait les paiements, mettait à exécution les décisions de l'Assemblée des trente-six et préparait les rapports touchant les diverses matières administratives sur lesquelles le conseil général réuni en Assemblée pouvait seul statuer.

Au-dessous de cette administration supérieure, il y avait dans chaque district un conseil composé de douze membres qui s'assemblaient une fois chaque année, et parmi lesquels étaient choisis les quatre membres qui formaient le Directoire du district.

Les cantons n'avaient pas d'administration particulière. Les communes étaient administrées par une municipalité composée du maire, du procureur de la commune et de quelques autres citoyens plus ou moins nombreux selon l'importance de la localité.

L'administration judiciaire aussi fut réorganisée. Il fut créé un tribunal criminel par département, un tribunal civil par district et un tribunal de paix par canton. Il y eut donc dans le Puy-de-Dôme huit tribunaux, et quatre dans le département du Cantal. Celui du district de Mauriac resta séant à Salers jusqu'après la Révolution, époque où Mauriac parvint enfin à obtenir qu'il siégeât dans son sein. Le bailliage de Vic fut supprimé ainsi que toutes les justices seigneuriales. La création du jury en matière criminelle date également de cette époque.

Les membres des administrations étaient nommés par élection. L'élection était à deux degrés. L'Assemblée électorale se tenait au chef-lieu du département et était composée des électeurs envoyés par les Assemblées primaires; les Assemblées primaires n'étaient autre chose que la réunion aux chefs-lieux des cantons de tous les citoyens actifs de chaque canton. Tout Français âgé de 25 ans, payant une contribution directe de la valeur de trois journées de travail, était citoyen actif, c'est-à-dire électeur au premier degré.

La première Assemblée électorale du Cantal fut tenue à Saint-Flour et eut une durée de six jours, du 28 juin 1790 au 3 juillet inclusivement. Trois cent quatre-vingt-seize électeurs nommés par les cantons, s'y trouvaient réunis à l'effet d'élire les trente-six administrateurs du département du Cantal sous la présidence de Jean-Baptiste-Louis Devèze, procureur du roi au bailliage d'Aurillac. Voici la liste des élus selon l'ordre de leur nomination :

Liste des trente-six administrateurs du Cantal.

1° Antoine-Joseph Guitard, avocat à Aurillac.
2° Géraud Serres, avocat à Glénat.
3° Pierre Rolland, avocat à Salers.
4° Nicolas Mirande, avocat à Mauriac.
5° Pierre Coutel, avocat à Saint-Flour.
6° Guillaume Bouchet, notaire à Vedrines-Saint-Loup.
7° François Teillard, prévôt de la ville de Murat.
8° Jean Benoit, avocat à Allanches.
9° Jacques de Brives, notaire à Murat.
10° Pierre Andraud, ancien conseiller au présidial de Clermont, de Condat.
11° Jean-François Clavières, maitre ès-arts en chirurgie, de Pierrefort.
12° François Duclozel, avocat à Marcenat.
13° Jean-Louis Bonnet, cadet, féodiste à Allanche.
14° Jacques Roux, bourgeois de Faufouillouc, paroisse de Virargues.

15° Géraud Roux, laboureur à Lavastrie.
16° Jean-Pierre Courbèze, bourgeois de Prunet.
17° Pierre Marmontel, avocat à Auzers.
18° Georges-Gabriel Raymond, avocat à Menet.
19° Jean-Baptiste Morinot, notaire à Charmensac.
20° Antoine Capelle Peujean, avocat à Saint-Constant.
21° Jean Revel, cadet, procureur au bailliage de Vic.
22° Pierre Broquin, notaire à Saignes.
23° Pierre Célarier, avocat à Pleaux.
24° Pierre Serres, bourgeois de Soubrevèze, paroisse de Marchastel.
25° Charles Demurat, avocat à Menet.
26° Pierre Delsuc, géomètre à Pleaux.
27° Joseph-Thomas Lafond, avocat à Massiac.
28° Jean-Charles Delzort, lieutenant criminel au bailliage d'Aurillac.
29° Pierre-Paul Henry, conseiller au bailliage de Saint-Flour.
30° Jacques Mézensac, avocat à Pierrefort.
31° Pierre Azémard, curé de Chaudesaigues.
32° Guillaume-Pascal Vidalenc, procureur du roi au bailliage de Saint-Flour.
33° Pierre Bastid, avocat à Saint-Cernin.
34° Pierre Galvaing, bourgeois à Mauriac.
35° Pierre Bastide, négociant à Montsalvy.
36° Pierre Destaing, avocat à Aurillac.

Le 3 juillet, l'Assemblée électorale nomma le procureur général syndic du département. Ce fut Jean-Baptiste Coffinhal, avocat du roi au bailliage de Vic.

Dans le même mois de juillet, les trente-six administrateurs se réunirent et choisirent parmi eux les huit membres qui devaient composer le Directoire du département. Voici leurs noms :

1° François Teillard, de Murat.
2° Antoine Capelle, de Saint-Constant.
3° Guillaume Vidalenc, de Saint-Flour.
4° Pierre Destaing, d'Aurillac.
5° Pierre-Paul Henry, de Saint-Flour.
6° Jean Benoit, d'Allanches.
7° Pierre Célarier, de Pleaux (1).

Voilà les élus qui administrèrent le département du Cantal dans les commencements de la Révolution, presque tous hommes de médiocre valeur, politiques improvisés qui n'ont laissé dans l'histoire du pays qu'un faible souvenir. Quelques-uns pourtant méritent une mention dans le récit des événements de leur époque. Joseph Guitard, par exemple, qui se distingua comme avocat au présidial d'Aurillac, sa ville natale. Député à l'Assemblée législative en 1791,

(1) Voy. *Procès-verbal de l'Assemblée du département du Cantal, tenue à Saint-Flour en novembre 1790*, p. 59 et 61.

il se montra révolutionnaire modéré, combattit plus tard le parti terroriste en Auvergne, devint membre du Conseil des Cinq Cents, puis sous l'Empire, substitut du procureur impérial d'Aurillac, membre de la Chambre des représentants pendant les Cent Jours, député en 1819 et préfet du Cantal en 1830. Il mourut en 1846 laissant quelques écrits de circonstance, tels que discours et brochures politiques.

Je citerai encore Jean-Joseph Benoît, d'une très honorable famille d'Allanche, qui, dans ses fonctions d'avocat, d'administrateur du département, de député à l'Assemblée législative, de président du tribunal civil de Murat, se distingua toujours par la modération de ses idées politiques, par sa foi religieuse et par ses vertus domestiques. Une de ses filles entra à la Visitation de Brioude et trois de ses fils embrassèrent l'état ecclésiastique.

Le plus remarquable peut-être des administrateurs du Cantal nommés en 1790, celui du moins qui réunissait le plus de qualités civiles et de vertus chrétiennes, fut Georges-Gabriel Raymond natif de Menet, avocat et notaire. « Il fit avec beaucoup de succès, dit Chaumeil, son cours classiques au collège de Clermont. Après avoir terminé ses études dans cette ville avec supériorité sur ses condisciples il alla étudier le droit à la Faculté de Paris, où il se fit remarquer comme à Clermont, par la maturité de son caractère, la pénétration de son esprit, son application et ses progrès. Son cours de droit fini, M. Raymond se livra spécialement à l'étude de l'ancienne législation. Doué d'une grande aptitude, d'une haute intelligence et d'un goût particulier, il acquit bientôt de profondes connaissances, qui jointes à son esprit de justice, à sa sévère probité et à la pratique constante de tous ses devoirs religieux, firent connaître le savant juriconsulte, l'habile notaire et le magistrat intègre. Aussi M. Raymond se vit-il toujours entouré du respect, de l'estime et de la confiance de tous ses concitoyens... On est surpris qu'il n'ait rien écrit sur le droit dans lequel il était si profondément versé. Cette omission doit être attribuée à sa grande modestie. A son amour de la justice, à sa sévère probité, à ses bons conseils, à sa ferveur chrétienne, M. Raymond joignait une grande charité et sa bienfaisance fut large envers les malheureux. »

Deux fois nommé administrateur du Cantal, Gabriel Raymond, voyant les flots monter, disparut de la scène politique, ne voulant pas contribuer aux fureurs et aux crimes de la Révolution.

En 1802, il épousa Marie-Jeanne-Gabrielle de Vigier de Fumal, qui lui apporta les domaines de Pommier, commune d'Ally, et de Sion, commune de Vigean et lui donna des enfants qui furent les héritiers de sa fortune et de ses vertus. Il était le père des pauvres, le modèle du parfait chrétien, serviable à tous, édifiant les fidèles par son assistance quotidienne à la messe, agenouillé malgré son grand âge sur les pierres froides de l'Eglise de Menet; il vivait entouré du prestige noblement conquis par ses aumônes, ses conseils, ses bienfaits en tout genre. Il mourut en 1844, dans sa 83e année, et ses funérailles furent magnifiques.

Les autres administrateurs du Cantal, nommés en 1790, n'eurent qu'une réputation éphémère et rentrèrent bientôt dans l'obscurité de la vie privée, pour faire place à une couche nouvelle de citoyens plus ardents, plus hardis, plus féroces.

Clermont, comme Saint Flour, eut son Assemblée électorale où furent élus les trente-six membres du conseil général du Puy-de-Dôme et les huit membres du Directoire. Je ne connais les noms ni des uns, ni des autres. Les deux Directoires du Puy-de-Dôme et du Cantal entrèrent en fonctions au mois d'août 1790 et dès lors la commission intermédiaire, qui gouvernait la province d'Auvergne, dut cesser d'exister. Elle procéda à l'inventaire des papiers de son greffe, à la vérification et à la reddition de ses comptes, papiers et comptes qui furent mis à la disposition des nouvelles administrations. L'opération dura le mois de septembre. L'ancien régime avait vécu.

CHAPITRE VIII

TROUBLES A MAURS, A MAURIAC, AU VIGEAN, A AURILLAC, DANS LE PUY-DE-DOME.

Le remaniement territorial et la création des administrations nouvelles ne se firent pas sans trouble. Il y eut dans presque toutes les Assemblées primaires et dans les Assemblées électorales, des agitations, des cabales, en même temps que des démonstrations haineuses contre la noblesse, le clergé et les fonctionnaires de l'ancien régime. Ces fonctionnaires, ces dignitaires, on les écarta de haute lutte et avec violence, de toutes les places et dignités.

« Depuis le 14 juillet, dit Taine, des milliers de places se sont offertes aux ambitions lâchées : procureurs, clercs de notaire, artistes, marchands, courtauds de boutique, comédiens, avocats surtout, chacun a voulu être officier, administrateur, conseiller ou ministre du nouveau régime (1). »

« Brusquement, ajoute le même auteur, tout le personnel de l'ancien gouvernement a été écarté ;

(1) *La Révolution*, t. I, p. 116.

brusquement l'élection universelle en a installé un autre, et les places n'ont point été données à la capacité, à l'ancienneté, à l'expérience, mais à la suffisance, à l'intrigue, à l'exagération. Non seulement les droits légaux ont été nivelés, mais les rangs naturels ont été transposés; l'échelle sociale renversée a été replantée de bas en haut et le premier effet de la régénération promise a été de substituer dans la gestion des affaires publiques, des avocats aux magistrats, des bourgeois aux ministres d'Etat, des ci-devant roturiers aux ci-devant nobles, des citoyens à des soldats, des soldats à des officiers (1). »

C'est là l'histoire de l'Auvergne. Le vieil édifice est à bas, le nouveau n'est pas encore dressé et, pour cette édification, accourent de toutes parts des procureurs, des huissiers, des cabaretiers, d'anciens petits juges, des médecins, des professeurs, des avocats, tous ces hommes ambitieux, intrigants, qui bousculent les nobles, les fonctionnaires et qui, après avoir déblayé le terrain, se poussent, se glissent par l'intrigue, usent leurs poumons et leur plume à se faire valoir et à se dire indispensables à l'édifice nouveau, aux administrations nouvelles.

« J'observai, dit Marmontel en parlant des avocats, cette espèce d'hommes remuants et fuyants qui se

(1) *La Révolution*, t. II, p. 16.

disputaient la parole, impatients de se produire ; je ne fus pas longtemps à voir quelle serait leur influence..... Le moyen le plus sûr de propager dans le royaume la doctrine révolutionnaire avait été d'engager dans son parti le corps des avocats, et rien n'avait été plus facile. Républicain par caractère, fier et jaloux de sa liberté, enclin à la domination, l'ordre des avocats devait avoir sur la multitude un ascendant irrésistible... Ils ne pouvaient manquer de primer dans les Assemblées populaires et d'y gouverner l'opinion, surtout en s'annonçant pour les vengeurs des injures du peuple et les défenseurs de ses droits (1). »

Tels sont les fauteurs de la Révolution.

A Maurs, lors de l'Assemblée primaire pour le choix des électeurs, des hommes de loi, « des incendiaires, avaient posté dans toutes les avenues de la ville des sentinelles pour prévenir les paysans, à mesure qu'ils arrivaient, de ne pas nommer d'ecclésiastiques ni de nobles (2). »

Dans une autre Assemblée primaire du même canton de Maurs, M. Bertrand, curé et maire de La Salvetat, ayant été proclamé président de cette Assemblée, ne jugea pas à propos d'accepter et le

---

(1) *Mémoires de Marmontel*, p. 357.
(2) *Mémoires de M. Bertrand*, curé et maire de La Salvetat.

choix allait tomber sur M. Jalenques, curé de Boisset, official et grand vicaire de l'évêque de Saint-Flour, lorsque le sieur Brayat, juge de Boisset, aspirant à cet honneur, s'écria que l'élection du président devait avoir lieu en faisant voter les paroisses de Parlan, Cayrols et Rouziers avant celles de Boisset et de la Salvetat. On devine la ruse. En outre, des émissaires sont envoyés dans toutes les parties de l'Assemblée pour parler en faveur de M. Brayat qui, en effet, parvint à se faire élire président de l'Assemblée primaire, et puis électeur pour l'Assemblée électorale qui devait avoir lieu à Saint-Flour (1). C'est ainsi que les intrigues et l'audace éloignaient des fonctions publiques les hommes honorables.

A Mauriac, à l'époque de l'organisation des administrations nouvelles, la population se divisa en deux partis, et ces deux partis se firent une guerre acharnée pendant près de deux ans. L'intrigue, la haine, la passion politique engendraient des querelles qui souvent aboutissaient à des voies de fait, à des émeutes déplorables.

A la tête du parti modéré se trouvent le juge d'élection, M. Duclaux et ses partisans les plus dévoués, les sieurs Chapouille, Delmas, Chevalier-Dufau, les ci-devant échevins, Delalo, Bonnefond et

(1) *Mémoires de M. Bertrand.*

Soustre. L'autre parti, le parti le plus remuant, obéit aux deux Lacoste, père et fils.

Les amis de Duclaux, au dire de Lacoste, « sont tous directement ou indirectement les ci-devant suppôts de l'ancien régime, les vautours de Mauriac... les éperviers de l'intendance qui ont tant fait et qui feront tant pour se maintenir tyrans et sangsues sous l'abri de la loi nouvelle. » Les partisans de Lacoste sont, au contraire, « des victimes échappées du plus détestable esclavage, les ardents propagateurs de la liberté et les fidèles amis de la Constitution (1). »

L'Assemblée des électeurs pour le choix des officiers municipaux fut tenue au milieu d'un tumulte effroyable dans l'église du collège que l'on profana par des scènes ignobles et des propos de bandits.

Lacoste fils fit si bien par ses intrigues, que le plus grand nombre des électeurs lui donnèrent leur voix pour la dignité de maire. Ses amis triomphaient. Mais le parti opposé proteste avec fureur et crie que l'élection n'a pas été faite régulièrement. On s'agite, c'est un vacarme épouvantable. A un moment donné, Chapouille, furieux, s'avance sur Lacoste : « Sortez d'ici, lui dit-il, vous n'êtes rien ! » Et il ajoute : « Avant que ce foutu drôle soit maire, je lui foutrais

(1) Adresse du parti Lacoste à l'Assemblée nationale.

un coup de fusil (1). » Le tumulte est à son comble ; alors Duclaux, qui présidait, lève la séance et renvoie les élections à plus tard.

Un jour fut désigné et, ce jour venu, les électeurs s'assemblent. Cette fois Duclaux l'emporte et, « regardant autour de lui, il choisit des ci-devant privilégiés, fauteurs intéressés de l'ancien régime, pour former la municipalité et le conseil des notables. »

Le parti Lacoste proteste et envoie lettres et adresses à l'Assemblée nationale. De son côté, la municipalité élue envoie un mémoire avec pièces à l'appui pour prouver la régularité des élections.

Embarrassée, l'Assemblée nationale renvoie les deux partis par devant le conseil départemental du Cantal, mais le conseil départemental n'ayant pas encore sa forme régulière, l'affaire est portée au présidial d'Aurillac. Quelques juges se transportent à Mauriac et procèdent aux informations.

« Cette bande noire bien coalisée avec les municipaux postiches, instruit, fouille, décrète, vexe et, en peu de jours, la désolation, les malheurs et le désespoir règnent dans la ville de Mauriac. Les municipaux cassent et détruisent la garde nationale et y substituent

(1) Pièces envoyées à l'Assemblée nationale.

un corps de volontaires choisis dans les familles de leurs partisans et dans les écoles (1). »

Les juges font leur rapport et l'envoient à l'Assemblée nationale. Celle-ci, dans sa séance du 12 mai 1790, décrète que la municipalité de Mauriac a été élue régulièrement.

Le parti Lacoste ne se tient pas pour battu ; il en appelle à l'Assemblée nationale mieux informée. L'affaire traina en longueur. Pour mettre fin à ces longues dissensions, l'Assemblée nationale décida, le 3 mai 1791, qu'il serait procédé, sous l'inspection de deux commissaires de l'administration départementale, à l'élection d'une nouvelle municipalité (2). »

Elle eut lieu ; mais la lutte n'en continua pas moins entre les deux partis et s'accentua même en âcreté et violence jusqu'à ce qu'enfin le parti de l'ancien régime fût écrasé par le parti de la terreur (3).

L'histoire de Mauriac est l'histoire de presque toutes les localités d'Auvergne. Partout la Révolution suscite les passions les plus basses, les fureurs de la plus noire jalousie et bouleverse les cités jusque-là si paisibles.

Au Vigean, paroisse voisine de Mauriac, on voit

---

(1) Adresse du parti Lacoste.
(2) *Moniteur universel*, t. VII, p. 537.
(3) Voir aux pièces justificatives un factum du parti Lacoste, nº 2.

les mêmes discordes et divisions dans le choix des municipaux. Les premières élections sont annulées par le directoire de Mauriac; le parti vaincu en appelle au directoire du département et celui-ci, maintenant l'arrêté de Mauriac, autorise, le 13 décembre 1791, l'élection d'une nouvelle municipalité.

Aux discordes politiques s'ajoutent les discordes civiles.

A Aurillac, quelques jours après la grande peur, le médecin Larguèze, un usurier de renom, avait ruiné par les usures une foule de malheureux. Croyant le temps opportun, le moment favorable, ceux-ci s'assemblent et vont tumultueusement chez le médecin, disposés à user de violence s'il ne se décide à restituer. Heureusement, M. de Lorus, chevalier de Saint-Louis, président du conseil municipal, accourt et, à force de représentations amicales, calme les esprits agités.

Vers le même temps, un libelle diffamatoire, attribué à tort à M. de Lacarrière, contre plusieurs citoyens, notamment contre Larguèze et ses filles, circule de main en main et soulève de plus en plus l'animosité populaire. Au lieu de laisser par un profond silence, l'effervescence se calmer, Larguèze, écoutant les violents conseils que lui donne Devèze, procureur du roi, fait arrêter par la maréchaussée le citoyen Dommergue, orfèvre, soupçonné d'être le boute-en-train de l'émeute. Cette voie de fait en amena une autre. Les nombreux ennemis de l'usurier se portent à sa maison, menaçant de le pendre, et cette fois le sang aurait coulé sans la nouvelle intervention de M. de Lorus. Larguèze fut obligé de quitter Aurillac; il se réfugia à Paris où il porta plainte à l'Assemblée nationale, qui le prit sous sa protection (1).

Partout l'esprit de révolte circule, s'étend dans les villes et les campagnes, partout d'immenses clameurs; tout sert de prétexte à l'émeute; c'est une épidémie.

Dans le Puy-de-Dôme, comme dans le Cantal, on s'insurge; les citoyens s'arment les uns pour, les autres contre la Révolution; de là des désordres infinis.

Les gendarmeries ne suffisent pas à la répression des soulèvements; on y emploie les gardes natiotales :

« C'est ainsi que la milice citoyenne clermontoise se porta successivement à Saint-Sandoux en septembre 1789; au château de Seymier, près Billom, en décembre 1789; à Cournon, en mai 1790; à Saint-Sauves, en août 1790; et en d'autres endroits encore. Et elle ne bornait pas ses courses aux com-

---

(1) *Moniteur universel*, t. I, p. 502; t. III, p. 738; t. IV, p. 269.

munes rapprochées ; des distances plus grandes ne la rebutaient pas. Le 23 janvier 1790, la nouvelle étant arrivée que la ville de Maurs dans la Haute-Auvergne, était environnée de brigands qui, disait-on, arrachaient les bornes des champs et voulaient partager les biens, la municipalité de Clermont fit appel à ses concitoyens, et aussitôt quatre-vingt-dix volontaires de la garde nationale se présentèrent pour cette expédition qui, fort heureusement, ne fut qu'une simple promenade (1). »

Des désordres menaçaient également la ville d'Evaux. Dans la séance de l'Assemblée constituante du 22 juin 1790, Bourdon, curé d'Evaux, député, dénonce ces désordres en ces termes : « Depuis la formation des gardes nationales dans la ville d'Evaux, plusieurs jeunes gens ont formé une compagnie particulière ; ils ont nommé des officiers, et malgré la sommation qu'on leur fait de se conformer au règlement du 19 mars 1778, arrêté par la ville entière, ils persistent. Je demande que pour arrêter les troubles qui menacent la ville d'Evaux, l'Assemblée nationale décrète que tous les citoyens se conformeront à la délibération prise le 19 mars dernier et enjoigne à la municipalité de mettre tout en usage pour en maintenir l'exécution. »

(1) *Les Bataillons des Volontaires auvergnats*, brochures par Mège, p. 4.

Un député répond qu'il y a sur cette matière un décret et qu'il n'y a qu'à l'envoyer à Evaux ; ce qui est adopté par l'Assemblée (1). Ces faits prouvent que le lien social était détruit et qu'une effervescence fiévreuse agitait toutes les têtes. Au reste, il n'y a là rien d'étonnant ; les révolutionnaires attisaient le feu avec une ardeur diabolique ; partout ils organisaient des sociétés populaires, des clubs où étaient reçus, écoutés et acclamés les coquins résolus, les tapageurs nocturnes, tous les va-nu-pieds, et ce ramassis de sans-culottes tenaient tête aux hommes d'ordre, se développaient, grandissaient à côté des hommes du gouvernement, se substituaient à eux et finissaient par gouverner en maîtres. Sous l'impression de ces amis de la constitution l'esprit révolutionnaire s'infiltrait dans les corps sociaux et comme il trouvait parfois de la résistance, il s'ensuivait des collisions et des luttes haineuses ; et ce mal était augmenté par les pamphlets iniques qui circulaient dans le pays, de sorte que non seulement la noblesse et le clergé, mais tous les hommes en place étaient l'objet des injures et des menaces de mort. On hurlait dans les rues :

A la lanterne
Qu'on mette huissiers et procureurs
A la lanterne.

(1) *Le Moniteur universel*, t. IV, p. 700.

La nation qui se gouverne
D'autorité met les voleurs
A la lanterne.

A l'époque de la Révolution, les villes étaient éclairées par des lanternes suspendues à des crocs en fer, établis de distance en distance. C'est à ces crocs qu'on pendait les aristocrates.

CHAPITRE IX

FAMINE. — INSURRECTION A AURILLAC. — DE LORUS. — CONTRIBUTION PATRIOTIQUE. — REFUS DE PAYER LES IMPOTS.

Aux désordres de la rue vinrent s'ajouter les fureurs de la faim. Depuis plusieurs années, les récoltes étaient mauvaises et la famine croissait comme un fleuve qui monte.

« La multitude des mendiants de l'un et l'autre sexe, répandus dans le département, est pour ainsi dire incalculable; on ne peut en voir le tableau sans douleur. Ce nombre, dans certaines paroisses, est de près d'un tiers (1). »

Les grains ne circulent plus. « A Bort, le peuple retient les grains qui partent pour Aurillac. A Thiers, les ouvriers vont en force ramasser du blé dans les campagnes. Un propriétaire, chez qui on en trouve, manque d'être tué. Ils boivent dans les caves, puis laissent couler le vin (2). »

---

(1) Procès-verbal de l'Assemblée départementale du Cantal, tenue en 1790.
(2) *La Révolution*, par Taine, t. I, p. 16-17.

« Le peuple, poussé à bout par la misère, arrêtait les voitures de blé que les paysans conduisaient au marché et se partageaient le butin. A Murat, les femmes, armées de fusils, qu'elles avaient enlevés à la garde nationale, contraignirent les marchands à leur livrer le blé au-dessous du prix et leur firent souscrire, sous les yeux des officiers municipaux, impuissants à réprimer ces désordres, l'obligation de fournir abondamment le marché jusqu'à la prochaine récolte. Des gardes nationales se mirent à faire des perquisitions, et l'on vit des communes taxer leurs voisines. Un abus monstrueux se perpétue, écrivait le conseil permanent du district de Mauriac ; plusieurs municipalités font des réquisitions journalières de denrées : par ce moyen, elles désolent les autres communes, entravent la libre circulation des denrées et marchandises, et portent une atteinte mortelle à la liberté du commerce et aux lois.

De là naissaient des conflits qui pouvaient devenir graves et entretenaient un état de trouble. Trois commissaires de Salers s'étaient rendus un jour à Saint-Chamant, à la tête de cinquante hommes de la garde nationale, pour réquisitionner deux cents setiers de blé ; mais la municipalité ayant refusé d'en donner plus de trente, et la nuit étant survenue pendant les pourparlers, les gens de Salers durent se loger chez l'habitant. Le lendemain matin, le détachement s'étant réuni sur la place, reconnut un rassemblement de quatre cents hommes armés de fusils, haches, faulx emmanchées à rebours, sabres, bâtons. Pour intimider le rassemblement, les commissaires firent ranger leur troupe en bataille; mais, voyant que les autres en faisaient autant, ils jugèrent prudent de se retirer (1). »

Sous la pression de la faim, l'instinct animal se réveille. La ville de Murat demande à l'Assemblée nationale l'autorisation de faire un emprunt. Dans sa séance du 2 juin 1790, l'Assemblée porte le décret suivant: « L'Assemblée nationale charge son président de se retirer par devers le roi pour le supplier de faire veiller à l'exécution des décrets relatifs à la libre circulation des grains à Saint-Flour et dans le département du Cantal. Elle autorise au surplus la municipalité de Murat à faire un emprunt de vingt-quatre mille livres à l'effet de fournir ses marchés de grain, et à la charge de rembourser cette somme dans les six mois (2). »

Le 2 juin 1790, le blé manquait au marché d'Aurillac et depuis deux jours les boulangers, pour faire augmenter la taxe du pain, affectaient de ne pas tenir leurs étaux garnis. De là, des plaintes, des mur-

---

(1) *La Jacquerie de 1792*, par M. de Miramon de Fargues, p. 10.
(2) *Moniteur*, t. IV, p. 520.

mures, du tumulte. M. Gourlat de Saint-Etienne, qui avait succédé comme maire à M. de Lorus, se transporte au marché avec trois officiers municipaux et veut parlementer; mais le peuple irrité lui reproche sa négligence et se répand en invectives violentes contre la municipalité qui ne faisait pas venir du blé des pays voisins. On force le maire à se transporter au grenier des Frères des Ecoles chrétiennes, qu'on assurait être rempli de grains. Evidemment il ne s'y en trouva pas et l'attroupement se dispersa.

Le lendemain, les boulangers étant allés à l'hôtel-de-ville pour demander qu'on augmentât la taxe du pain, le peuple furieux s'y transporte en foule grondante et insiste pour qu'on fasse des visites domiciliaires chez les particuliers, soupçonnés d'accaparer les grains. Les officiers municipaux promettent d'accéder aux désirs de la foule, mais ils n'en font rien et leur inaction étant remarquée, le peuple pousse des cris, exhale son mécontentement en paroles injurieuses, se porte en masse sur la place publique vers les cinq heures du soir et demande de nouveau qu'on fasse la visite des greniers. Par condescendance, M. Nozerolles, capitaine de la milice et M. Lalaubie, officier municipal, entrent, avec cinq ou six hommes de l'émeute, dans les greniers des sieurs Boudet, Capelle, Larguèze, marchands et dans ceux du couvent des Cordeliers : visites inutiles, pas de grains.

l'effervescence augmente; la garde nationale se met sous les armes et on proclame la loi martiale. Caylus, procureur et officier municipal, escorté d'un détachement, précédé du drapeau tricolore, se transporte dans les endroits où la foule en révolte grondait, haletante et furieuse. Il lui crie de se disperser. Elle se disperse dans les rues de la ville et la force armée fait patrouille sur toutes les places publiques et dans tous les carrefours.

Durant cette ronde, l'ancien maire, M. de Lorus, sortant de chez lui à huit heures du soir, rencontre dans la rue du Monastère un groupe d'environ quinze personnes qui l'arrêtent et lui disent avec toute l'effusion d'un cœur en ébullition, que s'il était encore maire, le blé ne manquerait pas. Il répond qu'il aurait fait ce qu'il aurait pu pour leur en procurer, et il les exhorte vivement à rester tranquilles.

Dans la rue des Forgerons, il rencontre un autre groupe qui lui tient le même langage. Il fait la même réponse. Sur la place, il trouve une multitude sans armes, mais qui murmure hautement et il voit en même temps la garde nationale se ranger en haie non loin de cette foule. Il s'avance et le chevalier de Conros, colonel de la milice, lui dit de prendre un fusil, qu'il va lui donner le commandement d'un piquet pour faire disperser l'attroupement. De Lorus observe à M. de Conros « qu'il faudrait essayer les voies de la douceur avant d'en venir à des extrémités. Si M. de Marmiès (ancien capitaine dans le régiment du Bourbonnais) voulait se joindre à moi, ajoute-t-il, j'espère que nous parviendrions à ramener la tranquillité. Si nous ne réussissons pas et s'il faut se défendre, je suis prêt à me sacrifier pour la patrie. »

« — Faites donc et le plus tôt ne sera que le mieux. »

De Lorus et de Marmiès s'avancent donc vers la foule et lui assurent que la municipalité va faire des efforts pour lui procurer du grain. Le peuple se calme, acclame M. de Lorus et se met à sa suite. Arrivés au fond de la place, à l'entrée de la rue de la Marinie, ils rencontrent Caylus qui, faisant son tour de ville, débouchait à la tête de son escouade et criait : « Citoyens, retirez-vous! »

— Monsieur, répond M. de Lorus, tout ce monde est tranquille; il se retire.

En effet, le calme était rétabli. On fait des démarches pour avoir des grains, pour approvisionner les marchés et le peuple s'apaise. Mais l'influence de l'ancien maire, les sympathies ardentes que lui avait manifestées la foule au milieu de l'émeute, avaient excité au suprême degré contre M. de Lorus la jalousie et même la haine de plusieurs personnages d'Aurillac, parmi lesquels on comptait Hébrard Dufau, député, Carrier et Alary, procureurs, et Louis Devèze, procureur du roi. On touchait au moment où devaient se faire les élections des administrateurs du département et Devèze, qui prétendait arriver à cette fonction, redoutait la concurrence et l'influence de M. de Lorus. Il fallait donc le perdre ; les révolutionnaires sont peu délicats et, pour arriver à leur but, tous les moyens leur sont bons. On s'avise donc de faire regarder M. de Lorus comme l'auteur de l'insurrection qu'il avait apaisée. Il est dénoncé comme tel, et le procès est fortement activé par le procureur du roi, l'ennemi personnel de M. de Lorus.

La chose en vient au point que M. de Lorus, menacé de mort, est obligé de fuir. Il va se réfugier à Villefranche et, de cette ville, il écrit, le 11 juin, à M. Armand, député de la Haute-Auvergne à l'Assemblée nationale, une lettre où il dit : « Vous savez certainement ce qui s'est passé à Aurillac, c'est le parti *hébraïque* qui me persécute, je vous prie d'être persuadé que je suis innocent de toutes les horreurs qu'on peut avoir avancées contre moi; je m'adresse à l'Assemblée nationale, j'espère que vous voudrez bien prendre ma défense. »

Voici sa lettre à l'Assemblée nationale :

« Messeigneurs, si le nouvel ordre judiciaire dont vous vous occupez, si les lois sages qui doivent en émaner avaient été en activité, je n'aurais pas été forcé d'abandonner précipitamment ma maison, pour me mettre à couvert des injustes persécutions du Procureur du roi au Présidial d'Aurillac. Une cabale formidable, dont la majeure partie des membres du Présidial forme l'âme, qui n'a pu, malgré toutes les intrigues, placer son idole à la tête de la municipalité, ne peut me pardonner d'avoir concouru à son exclusion pour cette place, avec le maire actuel. Elle voit avec peine que la très majeure partie des citoyens me continue sa confiance, que lorsqu'on a envoyé deux députés à Clermont pour traiter d'une fédération, j'ai été l'un d'eux, que mon collègue et moi, étant de retour, quelques particuliers nous ont dit qu'on nous destinait à aller à Saint-Flour lors de l'Assemblée pour former le département. Cette cabale ne veut pas que je sois employé et, pour y réussir, elle m'implique dans une émeute. Je demande d'être mis sous la sauvegarde de la nation et de la loi, pour retourner en sûreté dans ma patrie.

Je demande encore: 1° que le procureur du roi ait à me faire connaître le dénonciateur s'il ne l'est pas lui-même; 2° qu'il soit informé contre le sieur Alary, procureur, pour avoir dit sur la place que c'était moi qui avait occasionné l'insurrection; 3° contre le fils cadet du sieur Caylus qui dit que j'avais voulu assassiner son père à coups de couteau; 4° que l'officier qui commandait l'escouade qui me fit retirer étant sur la porte de ma maison, le samedi à dix heures du soir, soit tenu à déclarer quels étaient ceux qui voulaient me fusiller, si je ne fusse pas rentré promptement.

« J'espère, Messeigneurs, que touchés de la situation d'un militaire plus que septuagénaire, qui a servi la patrie pendant vingt-huit ans, qui est retiré depuis vingt ans, que ses concitoyens ont eu placé à la tête de leur municipalité, qui lui ont accordé leur affection et leur confiance, confiance qui fait aujourd'hui tous ses malheurs, vous voudrez bien faire cesser la persécution qu'on exerce contre lui. — Signé : LORUS. »

Le 20 juin, M. Dubois père écrivit à M. Armand, député : « Il y a eu dernièrement une espèce de rumeur de la part du peuple qui n'a eu aucune suite ; elle était occasionnée par la disette des grains. On a arrêté deux particuliers et on a décrété d'ajournement M. Lorus, en disant qu'il était le chef de l'émeute, ce qui est faux. M. de Lorus est un honnête homme, qui n'a fait que du bien à la ville ; mais votre Procureur du roi lui en veut ; il cabale contre lui et est bien aise de trouver l'occasion de lui faire du mal. Ce Devèze est toujours orgueilleux comme Lucifer, voulant primer sur tout le monde ; mais il est haï et méprisé généralement ; heureusement qu'il n'a pour toute fortune que beaucoup de vanité ; il se flatte qu'il sera maintenu dans sa charge ; ce serait très malheureux pour notre ville et tout ce qu'il y a d'honnêtes gens ici sont de mon avis. Mais vous, Monsieur, qui êtes le défenseur des droits de notre Province, vous ferez, nous l'espérons, tout ce qui dépendra de vous pour que ce Devèze ne soit pas maintenu. »

Dans une autre lettre de M. de Lorus à M. Armand, député, en date du 27 juin, on lit : « L'on a prononcé contre moi un décret d'ajournement... Ces h. Lar. C. P. D. R. (c'est ainsi à l'original) ont juré ma perte ; ils réussiront ; ils n'ont pu me faire fusiller une fois ; ils sont gens à revenir à la charge, C. P. surtout, dont le premier pas qu'il a fait dans le monde a été l'assassinat d'un citoyen. Hébrard a écrit à Alary et à Carrier, ses lévriers, une lettre qu'ils font voir, par laquelle il leur mande de *découvrir mes complices, qu'il ne communique plus avec ses députés, ni avec la municipalité, mais qu'il se charge de ma punition...* Je suis arrivé hier à Aurillac... »

Malgré les intrigues de ses ennemis, M. de Lorus obtint gain de cause par sentence du tribunal d'Aurillac en date du 11 août 1790. Il ne s'en tint pas là ; fort de son innocence, il demanda que le procès-verbal de l'insurrection du 3 juin, inscrit dans les registres de la municipalité, fût rayé comme étant plein d'erreurs et de calomnies ; il demanda en outre que les lettres écrites par lui ou à lui, interceptées par la municipalité de Maurs, lui fussent remises. Lui fit-on justice sur ces derniers points ? Je l'ignore (1).

Dans l'événement que nous venons de raconter et dans l'affaire de M. de Lorus, nous voyons tout un système de terreur déjà organisé dans la ville d'Aurillac et nous apercevons poindre à l'horizon et monter dans les airs les nuages amoncelés par les colères démagogiques et les haines de la franc-maçonnerie. Hébrard, député, Alary, Devèze, Carrier à Aurillac, Lacoste à Mauriac, Salsac et les Valette à Salers, telle est l'avant-garde de cette bande de scélérats qui terrorisa et ensanglanta la Haute-Auvergne pendant près de trois ans. D'autres vont apparaître sur la scène tragique des événements et nous allons les voir faire leur besogne de bandits avec entrain et sans mesure.

Les troubles de Mauriac, l'insurrection d'Aurillac, les mouvements révolutionnaires qui se produisaient çà et là sur tout le territoire de l'Auvergne avaient pour causes, nous venons de le voir, la famine et puis l'organisation des nouvelles administrations qui suscitait partout des haines, des rivalités, des luttes violentes entre les divers compétiteurs des hautes

(1) Mémoires et pièces relatives à l'insurrection des 2 et 3 juin 1790. — Voir aux Pièces justificatives, n° 3.

places et fonctions. A ces deux causes il faut en ajouter une troisième : l'augmentation des impôts.

C'est un fait constaté de tout temps : la Révolution promet toujours une diminution d'impôts et toujours elle les augmente.

L'Assemblée nationale, tout en berçant les populations du beau rêve de l'âge d'or, ne cessait d'inventer chaque jour de nouveaux moyens de grossir le trésor national, sauf à le gaspiller ensuite. Ce n'était pas assez de confisquer les biens de la noblesse et du clergé, elle exerça ses rapines sur le peuple trompé. Elle le pria de vouloir bien faire un don à la nation. C'est ce qu'on appela le *don patriotique*. Il était volontaire, mais ce don volontaire et patriotique ne fut guère en faveur ; les populations, attendant l'âge d'or, furent très étonnées de voir que les Messieurs de l'Assemblée nationale leur demandassent de l'argent. Malgré leur patriotisme, elles donnèrent peu. Alors l'Assemblée, tout simplement, décréta que le don volontaire serait obligatoire. Elle exigea que chaque chef de maison déclarât quels étaient ses revenus annuels et donnât une somme proportionnée à la quotité de ses revenus. Il y avait dans chaque mairie un cahier destiné à recevoir ces déclarations. Voici comment étaient formulées ces déclarations ; j'en copie une textuellement sur le cahier de la mairie de Mauriac.

« Je soussigné, Gabriel Ronnat, curé de la ville de Mauriac, déclare avec vérité que la somme de trois cents livres, dont je contribuerai pour subvenir aux besoins de l'Etat, excède les fixations établies par le décret de l'Assemblée nationale du 6 octobre 1789, concernant la contribution patriotique, et je m'engage à acquitter la dite somme de trois cents livres en trois termes fixés par l'article 11 du décret de l'Assemblée nationale. Fait à Mauriac le 31 décembre 1789.

RONNAT, curé de Mauriac. »

En toute vérité, c'était un nouvel impôt. Or, cette augmentation d'impôts toujours croissants dans un temps de disette, porta l'irritation du peuple à son paroxysme.

« A la première nouvelle que les habitants du Cantal eurent de la quotité d'impôts qu'ils devaient supporter en 1791, ils murmurèrent et se plaignirent. Le Directoire du département craignit un soulèvement de leur part. Il appréhendait que les officiers municipaux ne pussent procéder à la répartition entre les citoyens et à la confection des rôles. Il fit part de ses inquiétudes à l'Assemble nationale (1). »

Des désordres, en effet, éclatèrent en maints endroits.

(1) Procès verbal de l'Assemblée départementale de 1791.

Dans le registre des délibérations de la municipalité de Saint-Flour nous lisons, sous la date du 13 mai 1790, que M. Spy des Ternes, maire de Saint-Flour, parla longuement, dans un discours, de la disette des impôts et des insurrections « qui ont déjà eu lieu, disait-il, dans nos murs et dont nous sommes encore menacés. » Nous y lisons encore que des émeutes avaient éclaté dans plusieurs localités voisines; que le 7 juillet 1790, la municipalité de Talizat, craignant un soulèvement, demande à la ville de Saint-Flour, vingt-quatre hommes de la garde nationale pour protéger la confection des rôles et le prélèvement des impôts, et que Saint-Flour lui envoya vingt-quatre hommes et une brigade de gendarmerie.

A Eglise-Neuve, dans le département du Puy-de-Dôme, les paysans ne voulaient payer que cinq sous pour toute taille; on leur avait persuadé que cette somme était suffisante et que le gouvernement n'en demandait pas davantage. On en écrivit à l'Assemblée nationale qui, par décret du 10 juillet 1790, ordonna que le recouvrement des impôts serait protégé par les troupes et que les auteurs des fausses insinuations seraient recherchés et sévèrement punis.

En présence de ce soulèvement presque général, l'Assemblée nationale accorda, par décret du 16 août 1791, au département du Cantal, un dégrèvement sur la contribution foncière de quatre cent vingt-quatre mille cent livres, et sur la mobilière de quatre-vingt-dix-huit mille neuf cents livres, total : cinq cent vingt-trois mille livres (1).

Cette diminution ne mit pas fin aux mécontentements et aux révoltes ; les insurrections passèrent à l'état chronique. D'ailleurs, bientôt les impôts de toutes sortes furent de nouveau augmentés. En effet, calcul fait des impositions diverses et des dépenses du département, Coffinhal, dans son rapport à l'Assemblée départementale de 1791, trouva une augmentation considérable. « Toutes ces sommes, dit-il, forment celle de trois millions, trois cent quatre-vingt-dix-neuf mille vingt-neuf livres, que le Directoire a été obligé de répartir entre le district, et cette somme excède le montant des anciennes impositions directes, de cent quatre-vingt-dix-sept mille sept cent quatre-vingt-dix-neuf livres, lequel excèdent forme pour le département une augmentation de contribution (2). »

(1) Procès verbal de l'Assemblée départementale du Cantal de 1791, p. 177.
(2) Id., p. 178.

CHAPITRE X

PROPAGATION DES MAXIMES RÉVOLUTIONNAIRES EN AUVERGNE. — PAMPHLETS. — JOURNAUX. — SOCIÉTÉS POPULAIRES. — LES AMIS DE LA CONSTITUTION DE SALERS. — LES HOMMES DE LA NATURE D'ARPAJON. — LES SOCIÉTÉS POPULAIRES DE CLERMONT. — FÉDÉRATION DU 14 JUILLET 1790. — MORT DES DEUX GOURLAT DE SAINT-ÉTIENNE.

Aux causes de désordre que nous venons d'énumérer, ajoutons la propagande révolutionnaire qui fut ardente et générale. Les révolutionnaires n'oubliaient rien pour faire pénétrer dans les masses les idées nouvelles : liberté individuelle, liberté de la presse, destruction des privilèges, égalité politique, haine à l'ancien régime et à ses institutions. Pour cela, ils se servaient de la parole, du journalisme, de la brochure, des sociétés populaires, jetant à tous les vents leurs pensées, leurs maximes et leurs principes. Il faut à tout prix émanciper la France et renouveler le monde. Ceux qui savent écrire prennent la plume; ceux qui savent parler, pérorent.

Dulaure, né à Clermont en 1755, révolutionnaire

haineux, futur régicide, publia dans les premières années de la Révolution des pamphlets pleins de la plus noire colère. Voici l'intitulé de quelques-uns :

— *Liste des ci-devant nobles de race, rabbins, prélats, financiers, intrigants, avec des notes sur leurs familles.*

— *Vies des prélats et autres ecclésiastiques qui ont prêté serment.*

— *Histoire de la noblesse où l'on expose ses préjugés, ses brigandages, ses crimes ; où l'on prouve qu'elle a été le fléau de la liberté, de la raison, l'ennemi des peuples et des rois.*

Par l'intitulé, on juge du contenu ; c'est un ramassis de calomnies, d'inculpations criminelles, d'histoires scandaleuses, où l'auteur, pour une ligne de vérité, étale cent pages d'ignominies mensongères. On voit un homme atrabilaire dont la haine a faussé le jugement.

Il habitait Paris, mais ses vilaines brochures se répandaient jusqu'en Auvergne. Il était en outre journaliste ; c'est lui qui a été le principal rédacteur des feuilles périodiques : *Les Evangélistes*, — *Le Thermomètre*, — *Le Courrier républicain*. Ajoutons que Dulaure n'était pas le seul à propager les maximes républicaines et subversives de toute société. Divers journaux en notre pays y travaillaient ardemment. Parmi ces propagateurs des idées démagogiques, citons le *Courrier national*, rédigé par Gauthier-Biauzat. « Peut-être ignore-t-on à Riom, dit Malouët dans une lettre du 11 septembre 1789, que le *Courrier national*, signé Beaulieu, que personne ne connaît ici, est fait par Gauthier de Biauzat, qui ne manque pas de dire beaucoup de bien de lui et beaucoup de mal de moi. »

A Clermont paraissaient *Les Lettres bougrement patriotiques*; à Aurillac, *Le Cantaliste* débitait ses sottises.

Ce dernier journal, qui paraissait une fois par semaine, était rédigé par François-Xavier Pagès de Vixouge, de la famille Pagès des Huttes, de Vic, lieutenant particulier au Présidial d'Aurillac, subdélégué de l'Intendant d'Auvergne, auteur emphatique de plusieurs écrits révolutionnaires. Cet esprit dévoyé, ce rénégat, mourut à Paris en 1802. Voici quelques échantillons de sa feuille hebdomadaire : — « Notre dernier roi, le traître Louis XVI, désormais M. Louis Bourbon, est au physique et au moral un des plus gros cochons de l'empire. Sa femme Toinette Capet est une catin, une vraie furie couronnée... » Dans un autre numéro, on lit : « On nous écrit de Salers que Dupont, ex-grand vicaire de M. Bonal, ci-devant évêque de Clermont, vient de déléguer des prétendus pouvoirs au tartuffe Teissier, ex-professeur de philsophie à Mauriac; au fanatique Périer, curé du Vigean; à l'imbécile d'Olivier, curé de Barriac; à l'idiot Bardet, curé de Saint Paul, avec pouvoir d'excommunier, d'anathématiser, de fanatiser, etc. Nous ne doutons point que l'accusateur public ne sévisse contre ces prêtres scélérats et discords. » Voilà le genre.

Aux diatribes des gazettes, ajoutons les fureurs des sociétés populaires et nous aurons une idée de l'état mental de nos patriotes auvergnats.

Dans toutes les villes de la province, on organisa, en 1789 et 1790, des sociétés patriotiques, espèces de confréries politiques qui avaient pour but l'évangélisation révolutionnaire des citoyens. C'était : la *Société des amis de la Constitution* ; — la *Société des hommes libres* ; — la *Société des hommes de la nature* ; — les *Comités de surveillance*, etc...

Ces diverses sociétés se mettaient en rapport avec les sociétés et les comités de Paris et en recevaient des ordres et des inspirations de manière que les doctrines parisiennes se répandaient en laves dévorantes de la capitale aux villes et villages d'Auvergne. Pour donner une idée de ces sociétés, transcrivons ici le procès-verbal de formation de la *Société populaire* de Salers :

« Aujourd'hui, 2 février 1790, ont été présents à la maison commune de Salers : Messieurs Pierre Mailhes aîné; Antoine Mailhes cadet; Pierre Mirande fils; François Mary ; Dolivier fils; Martin Hébrard, commandant de la garde nationale de cette ville; François Dufayet, ancien militaire; Raymond Claux, médecin; Antoine Bertrandy fils; Barthélemy Veschambres, chirurgien; Pierre Salvage, procureur; Pierre Robert aîné, marchand; Joachim Cabanis, contrôleur des actes; Martin Peuch; Antoine Revel, marchand; Raymond Basset, greffier du tribunal. Considérant combien il importe pour un peuple législateur que chaque citoyen contribue autant qu'il est en lui à une bonne institution sociale, ainsi que les avantages qui résultent de la communication des lumières, du choc des idées et des talents que chacun peut y apporter, ont, les dits citoyens, arrêté de former entre eux une société libre d'amis de la constitution, afin de s'éclairer mutuellement sur tous les avantages que peuvent leur procurer les nouvelles lois et en même temps prévenir les abus qui nous restent des anciennes institutions et, après s'être choisi, au scrutin individuel et à la pluralité absolue des suffrages, le sieur Pierre Mailhe aîné pour président et sieurs Raymond Basset et Martin Peuch pour secrétaires, ont aussi arrêté qu'il serait député deux membres vers la municipalité de cette ville pour la prier de vouloir appuyer de son autorité ladite société et de faire inscrire les présentes dans son registre, lesquelles avons signées. Pierre MAILHE. »

Mauriac, Aurillac, Saint-Flour eurent, comme

Salers, leurs sociétés des *Amis de la constitution*. Arpajon, le pays patriotique par excellence, eut sa *Société des hommes de la nature*, laquelle « tenait ses séances dans une grange comme le lieu le plus convenable à des agricoles. » Elle comptait trente-cinq membres, parmi lesquels quelques modérés, beaucoup de forcenés (1).

Dans toutes les villes du Puy-de-Dôme se formèrent aussi des sociétés populaires composées des plus ardents révolutionnaires. Voici ce que dit Marcelin Boudet des Sociétés patriotiques de Clermont:

« Il y avait à Clermont deux sociétés populaires. L'une, la plus ancienne, fondée le 27 mars 1790 sous le nom de *Société des amis de la Constitution*, et affiliée presque aussitôt à la société mère de Paris, tenant ses séances dans l'église des Jacobins. Bancal des Issarts en avait inauguré la présidence. L'autre avait été fondée au mois de décembre suivant, par l'initiative de d'Albiat et de Monestier, le frère du conventionnel. Elle s'intitulait *Société des Carmes*, à cause de l'église où elle se réunissait. La première était de beaucoup la plus importante; c'était avec elle que les députés correspondaient. Quoique plus avancée que la Société des Carmes, elle était relativement sage dans les commen-

(1) Voir aux pièces justificatives n° 4 le règlement et la liste des membres de cette société.

cements. La bourgeoisie y eut d'abord de l'influence ; mais elle changea de face et se donna aux Jacobins, précisément au commencement de l'année 1793, sous l'impulsion de Monestier et surtout de Couthon. La Société des Carmes mourut de sa modération relative au bout d'une année. Le peuple qui, par instinct, aime le bruit et les émotions fortes, désertait ses séances et se portait aux Jacobins, où ses passions étaient plus vivement excitées. Des ouvriers venaient en masse aux réunions du soir ; les femmes remplissaient les vastes tribunes où elles apportaient leur travail. Tout ce que la ville contenait de gamins criards, de portefaix, de mauvais sujets oisifs s'y donnaient rendez-vous. On imitait le cri des bêtes, on hurlait, on beuglait. La partie laborieuse du peuple y venait aussi, parce quelle y trouvait en même temps un spectacle, une distraction et du feu en hiver. Il n'y avait de succès que pour les déclamations contre les riches... Tout orateur qui parlait de prendre l'argent des riches était couvert d'applaudissements (1). » On comprend qu'avec de pareils moyens de propagande les idées révolutionnaires se soient vite répandues dans nos villes et que la populace surexcitée ait fait un tintamarre effroyable dans nos cités. Dans les rues, sur les places publiques, dans les cafés, on chan-

(1) *Les Conventionnels d'Auvergne*, p. 159.

tait la *Marseillaise*, on battait du tambour, on dansait la *Carmagnole*, on plantait des arbres de la liberté, on insultait les femmes, les prêtres..

Tout était en mouvement, dit de Montlosier, pour échapper de quelque manière aux fureurs et aux désordres. Dans la masse on se défendait comme on pouvait. Dans les parties élevées, il n'y avait pas de défense ; le sol n'était plus tenable ; on ne savait où se réfugier. Les prêtres, les nobles avec leurs femmes, leurs filles, tout cela était outragé, harcelé, traqué, obligé de fuir des campagnes dans les villes et des villes dans les campagnes (1). »

On en était là en Auvergne, lorsque tout à coup le canon retentit dans toutes nos montagnes.

C'était le signal de la fête du 14 juillet 1790, jour anniversaire de la prise de la Bastille, apothéose de l'insurrection, consécration de la révolte. La France révolutionnaire fut en grande liesse, en ce jour de démocratique mémoire. Mais ce fut surtout Paris qui présenta un spectacle magnifique par l'illumination de ses édifices, par le chant de la *Marseillaise*, ses revues militaires, le bruit de ses canons.

De tous les départements avaient été envoyés des députés pour assister à cette fête de la Fédération,

---

(1) *Mémoires de Montlosier*, t. II, p. 183.

comme on l'appela. Aurillac en avait envoyé dix-neuf parmi lesquels étaient les deux fils du maire de la ville (1). Les autres cités de la Province avaient envoyé les leurs, et tous ces députés étaient arrivés à Paris au moment d'une effervescence sans pareille.

Sur le Champ de Mars de la capitale fut élevé un autel à la patrie et, en présence de cet autel, le roi, les ministres, l'Assemblée nationale, les gardes nationaux, les officiers de l'armée, les fédérés venus de tous les points de la France jurèrent de maintenir de tout leur pouvoir la nouvelle constitution. Des acclamations enthousiastes, unies au bruit de cent pièces de canon, au son de douze cents instruments de musique, firent retentir tous les échos de la capitale. Au moment où le roi prêta serment, un coup de canon donna le signal et les canons disposés de distance en distance dans toutes les directions jusqu'aux extrémités de la France, firent entendre leurs sourdes voix qui, répercutées par les montagnes,

(1) Voici leurs noms : de Conros-Dieudonné Croizet, — Toussaint Boysson, — Verdier de La Montade, — Cambefort de Montcans, — Laparra aîné, négociant, — de Cortet de Saint-Paul, — Falgères, — Bichon cadet, — Poux, d'Aurillac, — Fournier, de Couges, — Grellet, — Dupeirat, — Palis, de Maure, — Demurat de Sistrières, de Vic, — Dubuisson, médecin de Laroquebrou, — Caste, fils de Montsalvy, — Salomon et Constantin Gourlat, fils du maire d'Aurillac.

produisirent une immense explosion d'un bout du royaume à l'autre.

Les fédérés firent une visite au roi, qui les reçut très cordialement et reprirent ensuite le chemin de leur pays, emportant l'étendard donné à chaque département par le conseil général de Paris et sur lequel étaient brodés le nom du département et les mots : *Constitution* et *Liberté.*

Les villes des Provinces eurent aussi leur fête du 14 juillet. Aurillac montra beaucoup d'entrain, même de l'enthousiasme. Au milieu du cours Monthyon, sur l'autel de la patrie, fut dite une messe à laquelle assistèrent toutes les autorités, les fonctionnaires, la municipalité, la garde nationale, la maréchaussée, toutes les écoles. Elle fut suivie de la prestation du serment et du *Te Deum*. Pendant ces diverses cérémonies, toutes les cloches de la ville étaient en branle. Le soir, feu d'artifice, illuminations, discours par M. le maire, Gourlat de Saint-Etienne.

Malheureusement cette allégresse fut peu de jours après changée en deuil par la nouvelle de la mort des deux fils de M. le maire, Salomon et Constantin Gourlat « qui ont, dit la délibération de la municipalité d'Aurillac, péri si misérablement à la fleur de leur âge, à Paris, où la ville les avaient envoyés. » Ayant voulu passer la Seine dans un bateau, ils s'étaient noyés. Leurs funérailles à Paris furent magnifiques! Bailly et Lafayette y assistèrent ; l'Assemblée nationale y envoya une députation : *c'était une calamité publique.*

Ils avaient péri le 18 juillet et, le 29 du même mois, le conseil municipal d'Aurillac vota des honneurs à ces deux jeunes gens, et fit chanter une messe solennelle à laquelle il assista en corps.

CHAPITRE XI

LES DÉPUTÉS D'AUVERGNE A L'ASSEMBLÉE NATIONALE. — ASSEMBLÉE DÉPARTEMENTALE DU CANTAL EN 1790. — TRAVAUX DE L'ADMINISTRATION.

Après comme avant la fête de la Fédération du 14 juillet 1790, l'Assemblée nationale poursuivait avec activité son œuvre de destruction. En 1789, elle avait commencé l'extermination de la noblesse et du clergé ; en 1790 et 1791, elle la continua sans crainte et sans remords. Nos députés assistaient à cette besogne, les uns défendant les classes proscrites, les autres les attaquant avec violence.

Le baron de Rochebrune, tout en voulant les réformes utiles, protestait contre les injustices que commettait l'Assemblée et les lois iniques qu'elle portait. Dans la question du rachat des rentes et redevances, on proposait un système uniforme pour toutes les Provinces ; le député de Saint-Flour ne fut pas de cet avis ; il attaqua ce système, puis il ajouta : « J'ai eu l'honneur, dans la séance du 24 avril 1790, d'observer à l'Assemblée qu'en sa qualité de législative, elle doit, en faisant le bien général, faire le moins de mal particulier possible... Si l'Assemblée ne se reconnait pas à ce tableau, mes observations sont inutiles et je me retire ; il y a probablement de l'ignorance et de la mauvaise foi de la part des préopinants... » Il s'élève un murmure général ; le président le rappelle à l'ordre ; sans s'effrayer : « Oui, ajoute-t-il, j'ai l'honneur d'observer à l'Assemblée qu'il est indispensable d'être toujours juste et qu'il est impossible de l'être en adoptant un taux commun à toutes les Provinces... » Il continue en prouvant que l'Auvergne, « où le numéraire est rare », ne doit pas dans la question du rachat des rentes, être traitée comme les autres Provinces (1).

Il ne cessa de demander des lois de répression contre les émeutiers. Une émeute avait éclaté à Toulon : « Il est nécessaire d'arrêter de semblables désordres, s'écrie de Rochebrune dans la séance du 13 mai 1790 ; je vous prie d'observer que si vous voulez arriver sûrement à la liberté, consolider la révolution et rendre le peuple heureux par une bonne constitution, il faut empêcher les attroupements séditieux. En conséquence, je conclus à ce qu'il soit donné à ce sujet des ordres nécessaires (2). » Sur ces paroles, l'Assemblée chargea le Comité des rapports d'instruire l'affaire.

(1) *Moniteur*, t. IV, p. 198.
(2) Id., t. IV, p. 359.

Le mois d'après, une émeute ensanglante les rues de Nîmes ; quatre-vingts personnes sont tuées, la municipalité prend la fuite ; elle est dénoncée à l'Assemblée nationale comme coupable de lâcheté. De Rochebrune prend sa défense. « La pièce sur laquelle nous délibérons, dit-il, n'est pas parfaitement authentique, on ne peut rendre aussi légèrement un décret contre une municipalité ou contre un corps quelconque. Que celui qui a fait une motion contre la municipalité de Nîmes la signe et soit responsable (1). »

Le 19 février 1791, de Rochebrune blâme les dépenses excessives de l'Assemblée.

« Je n'ai qu'une simple observation à présenter, dit-il ; je prends l'engagement de démontrer par les chiffres que sur plus de huit cent millions de capitaux consommés depuis un an, trois cent trente millions seulement ont été employés au remboursement de la dette publique... (2) Dans la séance du 2 avril 1791, de Rochebrune refuse de voter des honneurs à Mirabeau ; le 26 juin suivant, il combat la proposition qui fut faite d'interroger le roi à son retour de Varennes et de mettre en état d'arrestation ceux qui l'avaient accompagné (3).

(1) *Moniteur*, t. IV, p. 687.
(2) Id., t. VII, p. 431.
(3) Id., t. VIII, p. 31-749.

Ces sentiments monarchiques et religieux, hautement exprimés, rangèrent le baron de Rochebrune parmi les députés suspects ; de là, mille vexations.

En juillet 1791, il y eut un recensement de la population ; il paraît que le domestique de M. de Rochebrune se montra rebelle à cette opération et se porta même à des violences contre un commissaire ; il fut arrêté et condamné à cent livres d'amende dont le baron fut garant et responsable (1).

D'après le *Moniteur*, Devillas, autre député de Saint-Flour, prit deux fois la parole : la première fois contre les vagabonds, la seconde fois en faveur de Mirabeau, frère de l'orateur démocrate. Hébrard, d'Aurillac, fit plusieurs discours dont le *Moniteur* donne quelques passages, entre autres un contre le droit de *veto* accordé au roi (2), un autre contre un plan d'impositions nouvelles proposé par Necker (3)...

Le 4 décembre 1789, Hébrard demande la peine de mort contre ceux qui empêchent la circulation des grains ; le 24 août 1791, il parle contre la garde d'honneur que l'on propose de donner au roi. Armand prit quelquefois la parole dans des circonstances assez insignifiantes. Le *Moniteur* ne signale aucun discours de l'évêque de Saint-Flour, de Bigot

(1) *Moniteur*, t. IX, p. 183-386.
(2) Id., t. I, p. 456.
(3) Id., t. I, p. 515.

de Vernière, de Lollier, du duc de Caylus, du baron de Saint-Martial, de Daude, de Bertrand, de Lescurier, ce qui ne prouve pas pourtant qu'ils n'aient jamais parlé, car le *Moniteur* ne reproduit pas assurément tous les discours qui furent prononcés.

Il ne cite également aucune parole des députés de la Basse-Auvergne : Mathias, Brignon, de Mascon, de Montboissier, Huguet, Chabrol, Riberolles, Branche, Vimal, Grenier, Taillardat; il cite quelques mots de Bourdon, de Bonnefoy, de du Fraisse, de Redon, de Girot-Pouzol et d'Andrieux.

Le plus grand orateur de la députation d'Auvergne fut incontestablement M. Malouët. Après lui venaient l'évêque de Clermont, Lafayette, de Montlosier, Biauzat, Gerle et de Laqueuille. Nous rapporterons plus loin quelques passages de leurs discours.

Pendant que nos députés péroraient plus ou moins éloquemment à l'Assemblée nationale, nos administrateurs péroraient dans les Assemblées départementales du Puy-de-Dôme et du Cantal. Nous n'avons aucun document sur l'Assemblée du Puy-de-Dôme, mais nous avons sous les yeux le procès-verbal imprimé de celle du Cantal; nous pouvons donc parler longuement de cette dernière.

Nous l'avons dit, ce fut au mois de juillet 1790 que les nouvelles administrations s'organisèrent, que l'Assemblée départementale succéda à l'Assemblée provinciale et le Directoire à la Commission intermédiaire.

Entré donc en fonctions, le Directoire du Cantal prépara sur chaque branche de l'administration des rapports qui devaient être présentés à l'Assemblée départementale, laquelle seule avait le droit de contrôler toutes choses et de décider en dernier ressort.

Cette Assemblée des trente-six administrateurs se réunit à Saint-Flour, le 3 novembre 1790, dans une des salles du couvent des Frères-Prêcheurs ou Dominicains, après avoir entendu la messe dans la chapelle de la maison.

A l'ouverture des séances, Louis Delzorts, président, prononça le discours suivant :

« Messieurs, nous voici tous réunis pour remplir des devoirs importants. Je n'entreprendrai pas de vous développer tous les sentiments qui doivent nous animer dans l'exercice de nos fonctions; ils sont profondément gravés dans vos cœurs. Dépositaires de la confiance de nos concitoyens, de quels efforts ne doit pas nous rendre capables le désir de la justifier! Votre patriotisme fondé sur les principes les plus purs, soutenu par vos lumières et vos vertus, présage d'heureux succès. Il sera le mobile comme la plus chère récompense de vos travaux; il vous fera tous concourir avec la même ardeur au but de la mission qui vous a été confiée et, quels que soient vos sacrifices pour y parvenir, votre zèle ne vous permettra pas de les apprécier.

« Vous avez vu, Messieurs, dans l'instruction de l'Assemblée nationale du 12 août dernier, les principaux détails qui sont confiés aux corps administratifs. Parmi les objets qui réclament leur sollicitude, ils doivent distinguer l'entretien et la construction des chemins, le recouvrement et la répartition des impôts; ils doivent surtout veiller à l'exécution des décrets concernant la libre circulation des grains et prendre toutes sortes de mesures pour assurer la subsistance des peuples.

« On a toujours regardé avec raison l'entretien et l'ouverture des grandes routes comme le moyen le plus efficace de vivifier un pays, d'étendre son commerce. Nul autre département ne peut sentir ce besoin si vivement que le nôtre; il gémit depuis longtemps de se voir dépourvu des communications les plus nécessaires; combien de fois cette privation n'a-t-elle pas compromis la subsistance de ses habitants !

« Les corps administratifs ne doivent rien négliger pour assurer et presser l'exacte perception des revenus publics; c'est du recouvrement de l'impôt que dépend le maintien de la constitution qui assure à jamais la liberté des Français. Ils doivent pourvoir aux réclamations des contribuables et établir une juste proportion entre les différents districts de leur arrondissement, lors de la répartition qu'ils feront entre eux de la masse des impositions du département.

« Les principes de sagesse et de justice qui vous dirigent écartent toute idée de l'odieux arbitraire sous lequel nous avons gémi si longtemps. Vous regarderez les quatre districts qui composent ce département comme quatre enfants chéris, également dignes de l'être.

« Rarement, sous l'administration des Intendants et des subdélégués, la réclamation d'un malheureux était accueillie ; toutes les faveurs étaient pour l'homme puissant et accrédité ; le temps des abus a cessé, celui de la justice et de l'égalité est arrivé. Vous vous interdirez, Messieurs, toute préférence dans la distribution des grâces, si ce n'est en faveur de la classe la plus indigente et que vous jugerez la plus digne de participer à vos bienfaits. Mues désormais par des vues communes, nos délibérations seront exemptes de l'influence de l'intérêt personnel ; nous n'aurons plus à combattre les antiques préventions de deux ordres qui osaient qualifier de droits des privilèges oppressifs, usurpés sous le règne du despotisme et de la tyrannie. Ces ordres n'existent plus ; ces privilèges odieux sont abolis sans retour. Les principes de la répartition proportionnelle des impôts sont consacrés pour toujours. Enfin, un nouveau système d'impositions qui ménagera l'agriculture et l'industrie va nous être offert. Quel autre département pouvait être plus intéressé que le nôtre à jouir promptement de ce bienfait! Je ne vous tracerai pas, Messieurs, le tableau de tous les maux qu'a produits la surcharge de nos impôts; oublions-les, si c'est possible, pour nous livrer au doux et consolant espoir de voir enfin améliorer le sort du peuple si longtemps opprimé! Que de motifs d'encouragement pour nous! Il était réservé aux auteurs de cette sublime constitution, digne de servir de modèle à toutes les nations, d'opérer de si heureux changements! Combien de décrets qui, chaque jour émanant de leur sagesse, doivent exciter notre admiration et notre reconnaissance! Combien la France doit se féliciter d'être gouvernée par un roi citoyen qui, en se déclarant le chef de la Révolution, a mis le dernier sceau à notre liberté! Sa sollicitude pour le bonheur public lui assure à jamais la fidélité, l'amour et le respect de tous les Français. »

Après ce discours, M. Delzorts annonça qu'il venait d'être nommé juge au tribunal d'Aurillac et pria l'Assemblée d'accepter sa démission de la présidence. Antoine-Joseph Guitard fut élu à sa place.

Le même jour, J.-B. Coffinhal, procureur-général-syndic du Directoire du département, lit un rapport dans lequel il rend compte de son administration depuis le commencement de sa gestion, c'est-à-dire depuis le mois de juillet. Il dit que pour la facilité des correspondances, des courriers avaient été établis d'un district à l'autre, que des difficultés survenues au sujet des délimitations de quelques cantons et paroisses, avaient été levées, que le Directoire avait fait ses efforts pour pacifier, à Mauriac, les esprits surexcités par l'élection de deux municipalités ; que la perfection des rôles n'était pas encore exécutée dans plusieurs communes, que le recouvrement des impôts se faisait péniblement, que le Directoire avait accéléré de son mieux la vente des biens nationaux. Il attire ensuite l'attention de l'Assemblée sur le régime des hôpitaux, des prisons ; sur l'agriculture, le commerce, l'amélioration des routes et exprime, en finissant, le désir que l'Assemblée apporte un regard attentif sur tout ce qui peut améliorer le sort des citoyens.

Un second rapport, lu par un autre membre du Directoire, rend compte de l'emploi des fonds publics, énumère les diverses sommes distribuées aux fonctionnaires, et employées aux réparations des routes.

Dans une des séances suivantes, l'Assemblée se divise en quatre bureaux : impôts ; ponts-et-chaussées ; bien public ; rapports.

Le bureau des impôts, dans son rapport, dit que le Directoire avait adressé à l'Assemblée nationale un mémoire qui établit la triste situation du Cantal surchargé d'impôts et demande une réduction. L'Assemblée approuve cet acte du Directoire. Le bureau du bien public constate la misère produite par la disette des grains et l'Assemblée, prenant en considération les observations du rapporteur, arrête que le montant des impositions payées par les ci-devant privilégiés pendant les six derniers mois de 1789, sera employé à l'achat des grains. Sur un autre rapport du même bureau, l'Assemblée arrête que le régime prohibitif des haras sera aboli, que les pépinières d'Aurillac et de Saint-Flour seront supprimées, que la somme de douze cents francs sera allouée aux écoles vétérinaires de Lyon et d'Alfort pour entretenir quatre élèves pris dans les quatre districts du Cantal ; enfin qu'on sollicitera auprès de l'Assemblée nationale des secours pour les hôpitaux.

Le bureau des ponts-et-chaussées constate le mauvais état des routes, et l'Assemblée, après délibération, charge son président de rédiger une adresse à l'Assemblée nationale pour lui exposer le mauvais état de la voirie et lui demander des fonds pour l'améliorer. Cette adresse fut rédigée et envoyée, mais l'Assemblée de la nation était trop occupée à la guerre contre les anciens ordres et les anciennes institutions pour porter son attention sur les routes du Cantal. Elles restèrent dans l'état où elles étaient et ce ne fut que sous l'Empire et pendant la Restauration qu'on en créa de nouvelles.

Le bureau des rapports présente aux administrateurs quelques pétitions faites par des particuliers et des paroisses, sur des objets d'intérêt local. L'Assemblée accepte ou rejette ces demandes.

Tel est le résumé des travaux de l'Assemblée départementale de 1790. Rien d'important.

Un incident mérite d'être mentionné ici : A la séance du 18 novembre, le président de l'Assemblée dit qu'il vient de recevoir trois caisses adressées au département, par Palloy, entrepreneur de la démolition de la Bastille. Ces caisses sont apportées et ouvertes. On y trouve un modèle de la Bastille et quinze petits canons, exécutés en plâtre, puis une petite bannière, un paquet de la poudre trouvée sur les tours de la prison ; un morceau de pierre des démolitions, une mèche provenant d'un cierge de la chapelle, un modèle de l'échelle dont se servit Latude pour s'évader de la Bastille, un plateau en bois peint sur lequel doit être placé le modèle de la Bastille ; le portrait du roi gravé sur une pierre d'un des cachots de la prison avec cette inscription : *Louis XVI par la grâce de Dieu et la loi constitutionelle de l'Etat, roi des Français ;* enfin quelques autres petits objets, reliques précieuses de la Bastille.

« L'Assemblée pénétrée de sensibilité et de reconnaissance envers M. Palloy, qui a fait à ce département cette offrande patriotique, a chargé son président de lui adresser une lettre de remerciment. Elle a de plus arrêté que les différents objets, composant l'offrande de M. Palloy, seront placés dans la salle de ses séances. »

Etrange folie des révolutionnaires ! ils persécutent la religion, jettent au vent les reliques des saints et tombent en adoration devant un peu de plâtre, un bout de mèche et quelques cailloux provenant d'une prison démolie !

Ce fut le 2 décembre que fut tenue la dernière séance de l'Assemblée départementale. Le président Guitard congédia l'Assemblée par le discours suivant :

« Messieurs, le procès-verbal de vos séances offrira le progrès naturel de toute administration naissante, surtout dans un temps où les bases ne sont pas entièrement établies. Votre prudence a tempéré votre zèle ardent pour la chose publique : vos délibérations ont su concilier ces deux grands mobiles qui doivent diriger l'administration. Les peuples qui vous sont confiés verront avec intérêt les sollicitudes que vous cause leur sort, et vos regrets que les circonstances ne vous aient pas permis de faire plus pour eux. L'administration sage et paternelle que vous avez tracée à votre Directoire achèvera de les convaincre que votre vœu le plus cher est de les voir heureux ; mais le plus grand, le plus précieux de vos bienfaits, c'est l'exemple que vous leur donnerez dans vos foyers d'une soumission entière à la loi et d'un amour sincère pour la Constitution.

« Le terme de vos travaux est celui de mes inquiétudes; tourmenté par ma faiblesse, je n'ai été encouragé que par l'espoir que vous soutiendriez votre ouvrage : il n'a pas été trompé ; je ne vous ferai pas remarquer toute l'étendue d'une indulgence que vous avez portée trop loin ; je me borne à vous assurer de ma reconnaissance pour vous, Messieurs, et des sentiments les plus sincères d'estime et de fraternité pour chacun de vous en particulier. »

CHAPITRE XII

LE CANTAL ET LE PUY-DE-DÔME EN 1791. — FUITE DU ROI. — MOUVEMENT EN AUVERGNE A CE SUJET. — BATAILLON DE VOLONTAIRES. — FIN DE L'ASSEMBLÉE CONSTITUANTE.

L'année 1790 venait de finir. En 1791, la guerre contre la noblesse, le clergé, la royauté, les anciennes institutions, continua plus vive que jamais, et les deux Directoires du Cantal et du Puy-de-Dôme, poussant avec force le char de la Révolution, firent avec grand zèle exécuter les lois persécutrices que ne cessait d'enfanter l'Assembiée nationale. Les prêtres étaient chassés de leurs paroisses; une nouvelle religion et un nouveau clergé étaient implantés dans le pays, en même temps que les nobles, poursuivis l'épée dans les reins, s'acheminaient de plus en plus nombreux vers l'exil, fuyant un sol incandescent où leurs châteaux brûlaient et où leurs biens étaient confisqués. C'était là la grande besogne des administrations en 1791 comme nous le verrons bientôt. Rien ne résistait à la Révolution. Un événement malheureux augmenta l'effervescence générale.

Le roi Louis XVI, voyant sa vie menacée et croyant sauver la France en s'échappant des mains de ses bourreaux, quitta furtivement Paris avec sa famille dans la nuit du 20 au 21 juin 1791. Mais reconnu et arrêté à Varennes, il fut ramené à Paris, surveillé de plus près et bientôt enfermé dans la tour du Temple d'où il ne devait sortir que pour aller à l'échafaud. Cet incident redoubla la fureur de l'Assemblée de la nation. Elle décréta que toutes les gardes nationales du royaume seraient mises en activité et invita en même temps les citoyens à s'enrôler en masse pour la défense de la constitution. En Auvergne, la fuite du roi mit les habitants dans la terreur. « Beaucoup se crurent irrévocablement perdus ; leur esprit se refusait à concevoir l'idée d'une France sans monarque. Pour eux, c'était le navire sans pilote et sans gouvernail ; d'autres, moins épouvantés, présageaient cependant une effroyable crise. Ils voyaient la France envahie, à la merci des étrangers, sans point de ralliement (1). »

Bancal des Issarts et le docteur Monestier, dans les Assemblées de Clermont, déclarent le roi traître à la patrie et prétendent que tous les Français sont relevés du serment de fidélité.

Le Directoire du Puy-de-Dôme, par arrêté du

---

(1) *Les Bataillons*, p. 22, brochure par F. Mège.

25 juin, ordonne des mesures de sûreté et prescrit la surveillance des magasins à poudre. La veille, le 24 juin, il avait reçu de Thiers la lettre suivante :

« Messieurs,

« La ville de Thiers expose qu'à la nouvelle alarmante de l'évasion du roi et d'une partie de sa famille, ses concitoyens, convoqués en Assemblée générale et extraordinaire, ont pressenti plus que jamais la nécessité de réunir leurs efforts et d'ajouter à leur patriotisme, pour repousser les attaques que l'on doit attendre de cet événement qui annonce un dessein médité et réfléchi de tenter une contre-révolution. Les ennemis de la chose publique oseront sans doute tout tenter; il convient de leur opposer les forces réunies de l'empire; avec elles ils auront la courte honte d'avoir enfanté leur perfide projet. Les amis de la patrie ont prêté ce serment solennel : Vivre libre ou mourir! Aucun d'eux ne s'en éloignera. Pour agir efficacement, la seule volonté est insuffisante. Pour conduire ces efforts à une fin heureuse, les citoyens et les gardes nationales doivent être munis d'armes, munitions, et de toute espèce d'attirail de guerre propre à la défense et à l'attaque. Cette vérité annoncée depuis longtemps n'a point été sentie fortement. L'aristocratie et les agents du pouvoir exécutif ont eu l'art d'en éloigner l'exécution pour rendre notre résistance impuissante. La ville de Thiers a des bras, mais désarmés. La disette des grains et la cessation de son commerce l'ont réduite à la plus cruelle pénurie. La commune est sans fonds et la garde nationale hors d'état de se procurer les choses nécessaires. Il est instant que le Département sollicite à l'Assemblée nationale l'envoi des armes déjà décrétées et l'addition d'un plus grand nombre, si l'on veut préserver la patrie du péril imminent qui la menace.....

« Signé : RUDEL, maire, etc. (1). »

A l'exemple de Thiers, toutes les villes demandent des armes et, réchauffé dans son zèle pour ce mouvement qu'il croit sincère et patriotique, le Directoire du Puy-de-Dôme fait chercher de la poudre partout et envoie un commissaire acheter des armes à Saint-Etienne. Partout se réorganisent et se complètent les gardes nationales, mais bien épurées de tout élément aristocratique. En outre, le 28 juin 1791, le Directoire arrête la formation d'un bataillon de volontaires et appelle aux armes tous les jeunes gens de bonne volonté. Il y eut dans les villes presque de l'enthousiasme : on vit des ouvriers, des étudiants, des commerçants, des enfants de seize ans, des vieillards de

(1) *Les Bataillons*, par Mège, p. 137.

soixante, aller à la mairie se faire inscrire parmi les défenseurs de la patrie.

« Dans les campagnes, au contraire, ajoute Mège, les appels au nom de l'Assemblée nationale ne produisirent pas plus d'effet que ceux adressés, quelques mois auparavant, par le comité militaire de la garde nationale de Clermont. L'enthousiasme fit à peu près complètement défaut. Le soin de la culture, la crainte de laisser leurs familles embarrassées, une antipathie prononcée pour toute espèce de service militaire empêchèrent les gens de s'enrôler (1). »

Le 27 juillet 1791, Monestier, procureur-général-syndic, écrivait à certaines communes :

« Messieurs,

« C'est avec le chagrin le plus vif que le Directoire du département voit la lenteur avec laquelle les gardes nationales s'organisent dans quelques parties du département. Comment peut-on allier un patriotisme soutenu et éclairé, tel que celui qu'ont montré presque tous les habitants de ce département, dans toutes les occasions, avec une insouciance aussi complète! Fut-il jamais un temps où tous les bons citoyens doivent se rallier plus que celui où la constitution qui

(1) *Les Bataillons*, p. 13.

fait notre bonheur est sur le point de s'achever ? chacun doit s'empresser de remplir ses devoirs. »

Enfin cinq cent soixante-quatorze citoyens se présentèrent et arrivèrent à Clermont de tous les points du département. Constitué en plusieurs compagnies, sous le commandement de Chazot, ancien militaire, ce bataillon partit de Clermont en septembre et alla se mettre aux ordres de Toulangeon, commandant la sixième division militaire à Bourg, département de l'Ain.

Mais l'enthousiasme avait disparu et les volontaires aspiraient à rentrer dans leurs foyers. « Trois mois ne s'étaient pas écoulés depuis la formation du bataillon que déjà des vides s'étaient produits... il avait vu ses rangs s'éclaircir considérablement. N'ayant eu que les ennuis et les désagréments des bivouacs, beaucoup de volontaires avaient pris en dégoût le métier militaire. Une centaine environ quittèrent le bataillon aux mois de novembre et décembre 1792. Pareille débandade se manifestant dans tous les bataillons de volontaires, le ministre Pache essaya d'y apporter des entraves... tout fut inutile ; exhortations, menaces, tout échoua en Auvergne comme ailleurs (1). »

Tous les jours, écrivait le colonel Sauvat aux admi-

(1) *Les Bataillons*, p. 34, 37.

nistrateurs de Clermont, le 10 février 1793, tous les jours les grandes routes sont couvertes de volontaires allant au pays. Cependant nous avons l'ennemi sur les bras, et nos bataillons s'affaiblissent et se désorganisent (1)...

Le bataillon clermontois, incorporé et fondu dans l'armée du Rhin, disparut comme corps particulier. Dans le Cantal, le dévouement patriotique manqua complètement, paraît-il, en 1791, car on ne put jamais parvenir à former un bataillon de volontaires. Ce ne fut qu'en 1792 qu'on parvint, à force de promesses et de menaces, à réunir quelques volontaires sous la conduite de Delzons, que l'on employa d'abord à détrousser les nobles et les prêtres et à piller les châteaux des émigrés comme nous le prouverons bientôt.

Cependant l'Assemblée nationale constituante touchait à sa fin. Elle termina ses travaux le 29 septembre 1791 et se sépara pour faire place à l'Assemblée législative. Elle avait vécu vingt-neuf mois.

Elle avait fait bien de la besogne : destruction des provinces et création des départements, organisation de nouvelles administrations ; elle avait touché à tout, remanié toutes choses : impôts, agriculture, lois, constitution. Une autre destruction qu'elle fit et dont

(1) *Les Bataillons*, p. 37.

nous n'avons pas encore parlé, du moins en détail, ne pouvant pas tout dire à la fois : c'est la destruction de la noblesse, du clergé séculier et du clergé régulier.

Nous raconterons bientôt en détails cette triple destruction.

Après la dissolution de l'Assemblée nationale constituante, les trente-six députés d'Auvergne se rendirent les uns en exil, les autres dans leur pays, ayant mené une conduite diverse, diversement jugée, blâmée ou approuvée.

Les députés que le Tiers de la Haute-Auvergne avait envoyés : Bertrand, Armand, Devillas, Daude, Hébrard et Lescurier rentrèrent dans nos montagnes où quelques-uns, Hébrard par exemple, se lancèrent avec ardeur dans toutes les entreprises démagogiques, où les autres, plus ou moins révolutionnaires selon les circonstances et leurs intérêts, menèrent une vie obscure dans les fonctions publiques ou dans leurs foyers, et moururent tous sans laisser de grands souvenirs et de grands regrets.

On peut en dire autant des députés du Tiers de la Basse-Auvergne : Malouët, du Cheix, Redon, Riberolles, Girot-Pouzol, Branche, Vimal, Andrieu, Grenier, Biauzat, Huguet, Taillardat de la Maison-Neuve. Malouët, et du Cheix pourtant, le premier surtout, se firent une réputation par leur résistance aux idées démagogiques. Aussi furent-ils obligés de sortir de

France : Malouët passa en Angleterre et du Cheix à Coblentz, où il servit dans l'armée des Princes.

Rentré en France, Malouët fut appelé au Conseil d'Etat en 1810, et fut ministre de la marine en 1814; il mourut la même année.

Dufraisse du Cheix rentra après la campagne de 1792, se cacha chez son beau-frère Taillardat de la Maison-Neuve, fut poursuivi et décrété d'arrestation, le 10 mars 1793, mais il parvint à se sauver. Il mourut en 1807.

Gauthier de Biauzat était juge à la Cour d'Appel de Paris quand il mourut en 1815. Huguet fut membre du Conseil des Cinq-Cents en 1795, plus tard préfet de l'Allier, député, conseiller de la Cour de Reims où il finit sa vie en 1819.

Parmi les députés du clergé : Mgr de Bonal, Mgr de Ruffo, l'abbé Mathias émigrèrent; l'abbé Sollier et l'abbé Pigot de Vernières se cachèrent à Aurillac et à Saint-Flour. Dom Gerle vécut et mourut misérablement à Paris, en 1805; Bourdon apostasia, fut sous-préfet de Boussac, sous l'empire, jusqu'à sa mort qui arriva en 1815; Bonnefoy mourut dans la vie privée, à Saint-Victor, près Chamalières, en 1797; Brignon fut massacré dans son ancienne paroisse de Dore-l'Eglise, dans la nuit du 20 novembre 1795, par les *compagnons de Jéhu* qui faisaient dans le pays une guerre à outrance aux révolutionnaires.

Les trois députés de la noblesse de la Haute-Auvergne : le duc de Caylus, Saint-Martial de Conros, baron d'Aurillac, Amable de Rochebrune, émigrèrent après la dissolution de la Constituante, et s'enrôlèrent dans l'armée des Princes. De Rochebrune mourut dans l'émigration avec son fils unique ; de Caylus était pair de France quand il quitta ce monde en 1823. J'ignore le lieu et la date de la mort du baron de Saint-Martial.

Les députés nobles de la Basse-Auvergne : de Chabrol, de Lafayette, de Laqueuille, de Montlosier, de Mascon et de Montboissier eurent des sorts différents : de Chabrol, après la Constituante, vécut en Auvergne en dehors de toutes fonctions publiques, ce qui ne l'empêcha pas d'être arrêté comme royaliste. Heureusement la mort de Robespierre le sauva, il mourut en 1816.

Lafayette, l'homme des révolutions, mourut en 1834.

Le marquis de Laqueuille émigra avec sa femme Emilia de Scorailles, et devint commandant en chef des bataillons d'Auvergne, dans l'armée des Princes. Sa mère, Louise-Jacqueline de Lartie-Saint-Gal mourut en émigration, à Madrid, en 1795.

Rentré en France après la révolution, M. de Lacqueuille y mena une vie paisible jusqu'en 1810, époque de sa mort.

Nous avons dit l'histoire du comte de Montlosier. Quant à de Mascon, il donna sa démission de député en avril 1790 et mourut à Clermont en 1811. J'ignore ce qu'il devint pendant la révolution. De Montboissier émigra, fit la campagne de 1792 ; à l'âge de quatre-vingts ans, passa ensuite en Angleterre, où il mourut en 1797.

Tel fut le sort des députés d'Auvergne aux Etats-Généraux. Assurément les hommes qui leur succédèrent dans la députation n'eurent ni leur talent, ni leur valeur. C'est une loi des révolutions : tout ce qui vaut peu monte à la surface ; les basses couches sociales remplacent les hautes couches ; le génie s'éloigne devant la médiocrité.

CHAPITRE XIII

ASSEMBLÉE LÉGISLATIVE. — NOUVEAUX DÉPUTÉS. — NOUVELLES ADMINISTRATIONS. — ASSEMBLÉE DÉPARTEMENTALE DU CANTAL EN 1791.

Les nouvelles élections eurent lieu à l'époque de la fuite du roi et sous la pression de ces révolutionnaires outrés qu'on appelait *Jacobins*. Par leurs menaces, leurs intrigues, leurs émeutes, ils firent si bien que les hommes de valeur n'osèrent point se poser en candidats.

« Tous les hommes considérés et considérables, dit Taine, qui siégeaient aux hôtels-de-ville, ou commandaient les gardes nationales, gentilshommes de province, chevaliers de Saint-Louis, anciens parlementaires, haute bourgeoisie, gros propriétaires fonciers, rentrent dans la vie privée et renoncent aux fonctions publiques qui ne sont plus tenables (1). »

Ajoutons que les députés de la Constituante ne purent pas se présenter aux élections, ce qui éloigna de la Législative des orateurs éloquents et des poli-

(1) *La Révolution* t. II p. 76.

tiques expérimentés. Grâce à ces exclusions diverses, les médiocrités en Auvergne et les gens de désordre eurent tous les avantages dans les élections. Celles-ci, commencées en juin, se prolongèrent dans les mois suivants, car il est à remarquer qu'il n'était pas seulement question d'élire des députés à l'Assemblée nationale, mais qu'encore il fallait renouveler par moitié les membres des diverses administrations.

Les électeurs du Cantal, nommés dans les Assemblées primaires des cantons, se réunirent en Assemblée générale à Saint-Flour, le 30 juin 1791 (1) et firent choix des huit députés que le Cantal devait envoyer à l'Assemblée nationale. Voici les noms des élus :

— Antoine-Joseph Guitard, président de l'Assemblée départementale.

— Pierre-Paul Henry, conseiller au bailliage de Saint-Flour, l'un des 36 administrateurs.

— Pierre Vayron, prêtre, procureur-syndic du district de Saint-Flour.

— Gros Jean-Baptiste, de Salers, avocat.

— Salvage Jean-Félix, de Saint-Martin-Valmeroux, avocat.

— Teillard François, de Murat, avocat.

— Jean-Baptiste Perret, homme de loi à Aurillac.

(1) C'est la date que donne Devèze, procureur-syndic du district d'Aurillac, dans sa lettre de convocation des citoyens actifs pour former les Assemblées primaires.

— Joseph-Jean Benoit, de Murat, avocat.

Furent aussi élus trois suppléants : Charles Vacher-Tournemire, de Mauriac; Benoît Jalinques, de Maurs; Durand-Daude, de Chaudesaigues.

L'Assemblée électorale du Puy-de-Dôme, retardée jusqu'en septembre, fut tenue à Clermont, sous la présidence de Perrier, évêque constitutionnel.

Les douze députés à l'Assemblée nationale qu'elle choisit furent :

— Maignet, d'Ambert,

— Gibergues, curé de Saint-Floret.

— Thévenin, procureur-syndic du district de Montaigut.

— Gaubert, procureur-syndic du district de Thiers.

— Téalier, de Trézioux, remplacé par Bray.

— Moulin, de Latour.

— Soubrany, maire de Riom.

— Couthon, premier juge du district de Clermont.

— Col, de Saint-Anthôme.

— Cuel, président du département.

— Romme, de Gimeaux.

— Antoine Rabusson de Lamothe, avocat à Clermont, sa ville natale.

Les quatre suppléants furent : Bray, médecin et maire à Issoire; Henry, fils aîné, négociant à Thiers;

Barel du Coudert, juge à Montaigut; Chaudezon, membre du Directoire du Puy-de-Dôme.

Les vingts députés d'Auvergne arrivèrent à Paris à la fin de septembre et se trouvèrent à la première séance de l'Assemblée législative, tenue le 1er octobre 1791. Ils prirent rang, les uns à droite, les autres à gauche ou au centre, selon la couleur plus ou moins foncée de leurs opinions politiques.

Composée d'hommes inconnus, sans tradition, sans principes, sans expérience et sans foi, menée par des jeunes gens exaltés et imbus des idées nouvelles (il y en avait plus de soixante qui n'avaient pas vingt-six ans), la nouvelle Assemblée se jeta, dès les premiers jours, dans cette série d'incohérences, de contradictions qui signalèrent son existence d'un an, et, presque le lendemain de son serment de fidélité à la constitution promulguée par l'Assemblée précédente, elle la viola, et bientôt elle la sacrifia complètement.

Dans nos administrations départementales, même incohérence et même fureur démagogique. Tout allait à la dérive.

A l'Assemblée du 30 juin furent aussi élus les 18 nouveaux administrateurs du Cantal, car les 36 administrateurs étaient renouvelables par moitié chaque année. Voici la liste des anciens et des nouveaux.

ANCIENS

1° François Barbat-Duclosel, de Marcenat, avocat.

2° Jacques Roux, de Virargues, bourgeois.

3° Jean-Pierre Courbaize, de Prunet, bourgeois.

4° Pierre Broquin, notaire à Saignes.

5° Jacques Méjansac, de Pierrefort, avocat.

6° Pierre Bastid, de Saint-Cernin, avocat.

7° Joseph-Thomas Lafont, de Massiac, avocat.

8° Charles Demurat, de Menet, avocat.

9° Nicolas Mirande, de Mauriac, avocat.

10° Pierre Serre, de Soubrevèze, paroisse de Marchastel, bourgeois.

11° Pierre Destaing, d'Aurillac, avocat.

12° Pierre Célarier, de Pleaux, avocat.

13° Antoine Capelle, de Saint-Constant, avocat.

14° Pierre Marmontel, d'Angers, avocat.

15° Georges-Gabriel Raymond, de Menet, avocat.

16° Jean-Louis Bonnet, d'Allanche, féodiste.

17° Jean Revel, procureur au bailliage de Vic.

18° Guillaume-Pascal Vidalenc, ancien procureur au bailliage de Saint-Flour.

19° Pierre Bastide aîné, de Montsalvy, négociant.

20° Géraud Serre, de Glenat, avocat.

NOUVEAUX

21° Jean-François-Bonaventure Teillard-Nozerolle, de Murat.
22° Jean-Antoine Destanne, d'Aurillac.
23° Jean-Louis-Joseph Falvelly.
24° Louis Vigier.
25° Charles Vacher-Tournemire, de Mauriac.
26° Jean-Baptiste Meilhac.
27° Louis Rougier.
28° Pierre Ganilh.
29° Pierre-Antoine Lamouroux.
30° Jean-Baptiste Rongier, de Saint-Flour.
31° Jean-Gaspard Champrousse.
32° Anne-Alexandre-Marie Thibault, évêque constitutionnel.
33° Rongier, maire de Salers.

Nous n'avons pu trouver le nom des trois qui manquent. Jean-Baptiste Coffinhal fut continué dans la charge de procureur-général-syndic et Antoine Bertrand, dans celle de secrétaire-général du département (1).

Le Directoire du Cantal fut aussi renouvelé par

(1) En 1791 Charles Vacher fut pendant plusieurs mois procureur-général-syndic.

moitié : *Anciens :* Pierre Destaing, — Pierre Célarier, — Antoine Capelle et Pierre Marmontel. *Nouveaux :* Jean-François-Bonaventure Teillard, — Pierre-Antoine Lamouroux, — Pierre Ganilh, — Jean-Louis-Joseph Falvelly.

Voilà les huit citoyens qui, de concert avec le procureur-général-syndic et le secrétaire-général, gérèrent pendant un an les affaires du département, ayant au-dessus d'eux, pour contrôler leur gestion, l'Assemblée départementale composée de trente-six administrateurs, et au dessous pour les aider et leur fournir les renseignements, les Directoires des districts. Ceux-ci également étaient renouvelables chaque année par moitié.

Le Directoire du Cantal siégeait à Saint-Flour et à Saint-Flour aussi l'Assemblée des trente-six avait tenu ses séances en 1790. Mais, comme le chef-lieu du département n'était pas encore désigné et comme Saint-Flour et Aurillac se disputaient la prééminence, il avait été convenu que le Directoire et l'Assemblée siégeraient alternativement dans ces deux villes : c'était donc le tour d'Aurillac. En conséquence, l'Assemblée nationale, par décret du 22 octobre 1791, ordonna que le Directoire du Cantal se transporterait à Aurillac avec tous ses papiers et cartons et que là aussi, en 1791, l'Assemblée départementale tiendrait ses séances. C'est ce qui eut lieu en effet.

Le 1ᵉʳ décembre 1791, les trente-six administrateurs, le secrétaire-général et le procureur-général-syndic se réunirent à Aurillac dans la maison Dorinière et se constituèrent en Assemblée sous la présidence de Charles Vacher-Tournemire, élu président en remplacement de Joseph Guitard, nommé député à la Législative.

M. Coffinhal, au nom du Directoire, rendit compte de tout ce qui avait été fait administrativement pendant l'année 1791. Son long rapport se divise en chapitres: Le premier chapitre rend compte des troubles et des émeutes; le second, des pensions ecclésiastiques; le troisième, de la vente des biens nationaux. Je dirai dans l'histoire de la persécution religieuse et de l'extermination de la noblesse, tout ce qui est contenu dans ces trois chapitres.

Dans le quatrième, le procureur-général-syndic constate que les impôts ont été exactement payés pour l'année 1790, ainsi que la contribution patriotique qui s'élevait à la somme de deux cent soixante-et-onze mille, trois cent quatre-vingt-neuf livres (1).

« Et cependant, ajoute-t-il, la misère des habitants est grande. Tous les fléaux se sont succédé pour ravager les récoltes et, cette année-ci particulièrement,

---

(1) Procès-verbal des séances de l'Assemblée départementale de 1791, p. 64.

la gelée, la grêle et la sécheresse ont successivement détruit et brûlé les blés vifs et les blés de mars. Les citoyens se sont privés, pour l'acquit des impôts, des objets les plus nécessaires, et j'ai la satisfaction de pouvoir vous annoncer que presque toutes les impositions de l'année 1790 et années antérieures ont été acquittées. »

Dans le cinquième chapitre, M. Coffinhal rend compte des fonds provenus de l'ancienne administration et de la disposition que le Directoire en a faite. Les fonds en caisse à l'époque de la transformation territoriale de la Province, furent divisés entre les départements qui en furent formés et la part qu'eut le Cantal s'éleva à la somme de 83,787 livres (p. 73).

Le Directoire employa une partie de cette somme à secourir les incendiés, à payer les officiers de justice, à subvenir aux frais d'impression ou aux dépenses que nécessita l'organisation des administrations nouvelles en 1790.

Au sixième chapitre, il est question des ateliers de charité, créés par l'ancien régime pour donner du travail et du pain aux ouvriers. « Ces ateliers, dit Coffinhal, ont en grande partie alimenté les pauvres dans ces temps difficiles et ils ont servi à rendre plus praticables les chemins vicinaux. « Les fonds destinés au département pour ces ateliers en 1790 se montaient à cent dix-mille livres. En 1791, ils ne montèrent qu'à quatre-vingt mille. On divisait ces sommes entre les quatre districts.

Dans le chapitre septième, le procureur-général-syndic énumère les sommes accordées à titre de secours aux malheureux. « Les secours, dit-il, que le Directoire a accordés, n'ont pu procurer que du soulagement aux pauvres et à quelques citoyens qui avaient éprouvé des malheurs, mais le général des habitants n'ont pu en obtenir. Ils en ont cependant grand besoin; quatre années de disette et des impôts excessifs ont épuisé leur ressources. Le gouvernement venait autrefois à leur secours et permettait aux administrations de disposer en leur faveur d'une certaine somme à prendre sur l'imposition principale et appelée le *moins-imposé*. En 1789 et 1790, dans ces années désastreuses où les citoyens ne pouvaient se procurer des aliments, ils ont été privés de ce secours et ont été obligés d'acquitter en entier leurs impositions. » Le rapporteur dit ensuite les diverses sommes prêtées aux districts pour acheter des grains.

Dans le chapitre huitième, il passe en revue les travaux faits sur les routes et les frais nécessités par ces travaux.

Dans le neuvième, il rend compte de la répartition des contributions. Il demande que soient faites, sans retard, la levée du plan du territoire et l'évaluation du produit, sans quoi il ne sera pas possible d'égaliser les impôts. Il ajoute : « le recouvrement des contributions sera pénible et difficile ; les citoyens épuisés par des impôts excessifs et par trois années de disette se trouveront dans l'impossibilité de les acquitter... Sous l'ancien régime, l'administration était forcée de venir à leur secours ; différents fonds étaient destinés à leur soulagement et étaient distribués à ceux qui avaient souffert des pertes dans leurs récoltes ou dans leurs biens. Le Directoire ne connaît présentement aucun fonds pour cet objet ; il sera accablé de demandes et ne pourra accorder que des refus. Le citoyen, se voyant privé de tout soulagement, sera réduit, malgré sa bonne volonté, à ne s'occuper que des moyens de se procurer sa subsistance et le recouvrement des impôts deviendra peut-être impossible. Les contraintes que les percepteurs exerceront et les frais qu'ils pourront faire, le rendront encore plus difficile. » Cette prévision se réalisa : le recouvrement des impôts devint pénible et occasionna même des émeutes, comme nous le verrons dans la suite.

Enfin, dans le dixième et onzième chapitres, le rapporteur rend compte des dépenses générales faites par le département, en 1791, pour paiement des administrateurs, des magistrats, pour frais de bureaux, de correspondance pour les Assemblées électorales, les écoles vétérinaires, les casernes, etc.

« Je viens, Messieurs, dit en terminant M. Coffinhal, de vous faire le récit de nos principales opérations et de nos travaux. Vous y reconnaîtrez des imperfections et même des erreurs. La marche de l'administration a dû se ressentir de celle des lois. Les grands principes de la liberté et de l'égalité que l'Assemblée constituante avait d'abord décrétés, ont pu suspendre le ressort du gouvernement et arrêter son action; il a fallu des lois de détail pour établir l'ordre. Nous avons dû attendre ces lois. Leur exécution a amené de nouveaux obstacles. Nous avons été obligés de lutter contre les ennemis du bien public; nous avons eu la douleur de voir des officiers' municipaux séduits, égarés, laisser les lois sans exécution et conniver avec les ennemis du bien public pour fomenter le trouble et la discorde. C'est à vous, Messieurs, à ramener l'ordre et la tranquillité dans le département, à éclairer les citoyens et les municipalités sur les perfides manœuvres des fourbes qui les égarent... »

Du 2 au 16 décembre, l'Assemblée s'occupa soit à régler des contestations élevées entre des communes ou entre des particuliers, soit à travailler dans ses cinq bureaux : Contributions, Ponts-et-Chaussées, Bien public, Rapports, Révisions. Dans les séances du 17 et du 18, sur une demande du bureau du Bien public, elle arrêta qu'il serait accordé six mille francs aux quatre districts pour l'instruction des sages-femmes ; quinze mille francs aux hôpitaux ; cent-dix mille aux malheureux ; dix mille aux incendiés, quatre mille pour le traitement des épizooties ; cinq cents francs à chaque vétérinaire des quatre districts ; elle arrêta en outre qu'elle favoriserait de tout son pouvoir l'éloignement des cimetières, le partage des communaux, etc.

Le 21 décembre, sur un rapport du bureau des Ponts-et-Chaussées, l'Assemblée ordonna au procureur-général-syndic de faire toutes les diligences pour faire rentrer les fonds destinés aux travaux des routes et pour faire exécuter ces travaux. Le 23, elle signa une adresse aux habitants du Cantal pour les engager à ne pas troubler la paix publique et à obéir aux lois ; nous donnerons cette adresse ailleurs.

Dans les séances suivantes, elle termina certains différends, rédigea un règlement pour les cantonniers, signa une adresse au gouvernement pour solliciter une décharge dans les contributions, vota six mille francs pour l'établissement du tribunal criminel dans la maison des Cordeliers à Aurillac, chargea le Directoire de faire établir auprès de chaque tribunal de district une maison d'arrêt et, dans chaque chef-lieu de canton, une maison de détention et de police correctionnelle ; enfin, le 31 décembre, le président prononça la clôture de la session et l'Assemblée se sépara.

Tels sont les principaux travaux de l'Assemblée de 1791 qui, comme celle de 1790, montra du zèle pour le bien public, mais dont les efforts furent peu fructueux.

Maintenant que le lecteur connait les nouvelles administrations qui gouvernèrent les départements du Puy-de-Dôme et du Cantal, sous la Constituante et la Législative, en 1790, 1791, 1792, nous allons entrer dans quelques détails sur leurs faits et gestes, c'est-à-dire sur les trois destructions qu'elles opérèrent : destruction de la noblesse, destruction du clergé séculier, destruction du clergé régulier. Nous commençons par la destruction de la noblesse.

PIÈCES JUSTIFICATIVES

N° 1

QUELQUES LETTRES DE M. MALOUET. — 1° LETTRE AUX OFFICIERS MUNICIPAUX DE RIOM.

« Paris, 1ᵉʳ octobre 1789.

« Messieurs,

« M. Dufraisse vous a fait part des événements malheureux qui se sont succédé depuis huit jours. Il est possible que sa lettre ne vous soit pas parvenue, car on les arrête, on les décachète et on ose mettre sur l'adresse : *Décacheté par tel district*. Jamais la liberté, la sûreté personnelle ne furent plus indignement violées. Il est impossible d'écrire avec quelque détail; on ne parle que de complots, de conspiration.

« Plusieurs députés ont été insultés, menacés, proscrits; je suis du nombre. Des brigands se sont présentés à la porte de M. Mounier pour l'enfermer, et ont été dispersés par la garde.

« L'Assemblée se transfère à Paris et a décidé qu'elle

n'accorderait plus de passe-port aux députés sans connaître les motifs de leur retraite, attendu qu'un grand nombre vont se retirer et que plusieurs sont déjà partis.

« Une multitude de pamphlets incendiaires répand les calomnies les plus atroces contre les personnes les plus augustes. On dénonce M. Necker, M. de la Fayette et plusieurs députés comme les ennemis du peuple. Ce malheureux pays touche à sa ruine totale. Les plus vils scélérats, dans toutes les classes et dans tous les partis, trompent, soulèvent, enivrent le peuple, qui est toujours en mouvement et souvent en fureur.

« Le sieur Marat, auteur de la feuille l'*Ami du peuple*, vient d'être arrêté ; mais il n'est pas le seul qui mérite en ce genre punition, et le journal le plus répandu en Auvergne est aussi atroce que le sien. C'est sans doute à l'une de ces feuilles que je dois l'extravagante délibération de la ville d'Ardes. Ces messieurs me menacent et me déclarent coupable d'abus de confiance pour avoir opiné pour le *veto* indéfini ; ils me citent mes cahiers qu'ils n'entendent pas et que je connais mieux qu'eux, puisque je les ai faits.

« M. Gautier de Biauzat avait déjà eu l'audace de citer contre moi cet article de mes cahiers, qui est précisément en faveur de mes opinions ; car en déclarant l'Assemblée nationale la seule puissance compétente pour consentir et sanctionner les lois et les impôts, c'était bien supposer que le roi préparait comme ci-devant les lois et les édits et que les représentants de la nation les acceptaient ou les rejetaient. Aujourd'hui, c'est la nation qui les fait et le roi qui les accepte ; mais comment le peuple espère-t-il parvenir à la liberté, s'il ne laisse pas à ses représentants celle de leur conscience ? Fut-il jamais un plus affreux despotisme ? Ah ! la plus horrible anarchie nous menace ; et tous les liens, tous les moyens d'un gouvernement juste et prospère étaient à notre disposition. — Mais c'est aux bonnes mœurs, à la vertu, à la modération qu'appartiennent les bienfaits de la liberté ; on n'y parvient jamais par la licence. On n'entend dans les rues, à la porte même de notre Assemblée, que ce cri de fureur ; « Il faut pendre les *calotins !* » C'est ainsi qu'on appelle les députés du clergé ; et l'archevêque de Paris, qui est un saint prélat, est le premier désigné. L'évêque de Langres a été obligé de se cacher. — Moi, Messieurs, je ne fuis pas et, en gémissant sur les maux de la patrie, je la défendrai tant qu'elle existera.

« J'ai l'honneur d'être avec respect, Messieurs, votre très humble et très obéissant serviteur.

« Malouet. »

2º — LETTRE AUX OFFICIERS MUNICIPAUX DE RIOM.

« Paris, 16 octobre 1789.

« Messieurs,

« L'Assemblée le matin et des douleurs d'estomac le reste du jour m'ont empêché de répondre plus tôt à vos deux dernières lettres. Celle qui me concerne est un nouveau témoignage de vos bontés et j'y suis très sensible, mais je n'ai pas pensé, ainsi que mes collègues, qu'il convint de poursuivre l'auteur de la *Feuille nationale*. Ce serait une grande tâche pour moi que de poursuivre tous les libellistes qui se sont acharnés après moi. Le hasard m'en a présenté un face à face et je crois qu'il sera plus circonspect à l'avenir; tous les autres font le métier de brigands et rendent sans le savoir aux honnêtes gens le service de les distinguer de ceux qui concourent aux désordres actuels. — Par exemple, il m'est très agréable de me voir à côté de M. Biauzat dans la galerie des portraits des Etats-Généraux et d'être traité comme un intrigant et un méchant homme, lorsque l'on vante sa pureté, sa vertu, son éloquence.

J'ignorais l'anecdote que vous m'apprenez, qu'il avait dit que Riom n'a que six mille âmes; il en est très capable; mais ce qu'il dit n'a d'importance que dans son journal, et de pareilles assertions n'ont et ne peuvent avoir aucune suite. Cependant, si j'avais été présent à la séance, je n'aurais pas laissé passer cette absurdité. — Je désirerais, Messieurs, que nous n'eussions que de tels malheurs à réparer; notre position ne serait pas si fâcheuse. Vous apprendrez que le mouvement du Dauphiné et du Languedoc, ayant inquiété l'Assemblée, elle a rendu hier un décret qui défend, jusqu'à nouvel ordre, la convocation des Etats. Si malheureusement quelque province désobéit, nous voilà dangereusement compromis.

« J'ai l'honneur d'être avec respect, Messieurs, votre très humble et très obéissant serviteur.

« MALOUET. »

3° — LETTRE DES OFFICIERS MUNICIPAUX A MALOUET

« 14 novembre 1789.

« Monsieur,

Nous avons été affligés de la résolution que vous avez communiquée à M. Granchier par la lettre qu'il nous a lue. Nous n'ignorons pas les désagréments sans nombre que vous avez éprouvés; nous ne serions pas même étonnés qu'il vous en survînt encore, tant que le génie Biauzat vous trouvera à son chemin. Rendez-nous, Monsieur, la justice de croire que nous avons été vivement affectés des orages qui se sont élevés contre vous; mais permettez-nous d'espérer qu'il ne s'en élèvera plus de si forts ni d'aussi alarmants pour vous, votre famille et pour tous ceux qui vous chérissent.

« Si nous avons connu la masse de vos peines, nous avons en même temps admiré votre constance et votre courage. Voudriez-vous maintenant anéantir les preuves que vous avez données de cette fermeté qui vous est propre? Voudriez-vous abdiquer un poste où nos habitants auraient mille fois désiré votre présence, si la députation ne la leur avait assurée? Quel serait donc leur dépit, si vous leur manquiez, surtout dans un moment où ils croient avec raison que vous leur êtes absolument nécessaire? Cette dernière remarque sera sans doute puissante sur un cœur aussi bien disposé que le vôtre au service de notre pauvre ville.

« Nous n'exprimons pas seulement, Monsieur, le vœu particulier de notre nombreuse Assemblée, où il n'y a eu qu'une voix pour vous conjurer de nous continuer vos services comme député, nous exprimons celui de tous nos concitoyens; c'est en leur nom et avec les mêmes instances qui vous ont été faites pour accepter la députation que nous vous supplions de la garder jusqu'à la fin. Nous avons lieu de croire que Messieurs vos co-députés se réuniront à nous pour vous y engager, et par les mêmes motifs; nous sommes... »

N° 2.

MÉMOIRE DU PARTI LACOSTE DE MAURIAC
A L'ASSEMBLÉE NATIONALE

La grande majorité des citoyens de Mauriac est, à l'instar des 44,000 cités, bourgs et villages de France, l'amie de la Révolution, l'ennemie du despotisme, et la zélatrice de l'ordre et des lois.

La majorité des citoyens de Mauriac est opprimée. La très petite minorité de cette ville est l'oppresseur; ceux-ci règnent, intriguent et calomnient. Les premiers se plaignent, disent vrai, marchent droit, demandent justice, et obtiendront justice ou la mort. A travers une population de 3.000 âmes, Mauriac ne comptait que cent-soixante citoyens actifs à l'époque où devait se former sa municipalité, cent quinze seulement parurent aux Assemblées, convoqués pour cet effet. Trente-et-un d'entre eux sont les oppresseurs, quatre-vingt-quatre et les absents sont les opprimés.

Les trente-et-un sont tous directement ou indirectement les ci-devant suppôts de l'ancien régime, des comptables des deniers publics, et ont tout fait, feront tout, pour se maintenir tyrans et sangsues sous l'abri de la loi nouvelle.

Les quatre-vingt-quatre sont tous victimes échappées du plus détestable esclavage, les ardents propagateurs de la liberté, et les fidèles amis de la Constitution.

Les ci-devant échevins : Lalo, Bonnefon et Soustre, receveurs-syndics ; les ci-devant juges d'élection et seigneuriaux, les sieurs Duclaux, Chapouille et d'autres créatures de la tyrannie ; les sieurs Delmas, chevalier Dufau et les leurs, voilà ce qui compose la minorité des trente-et-un.

Ecoutez-les, ils auront l'audace de vous dire qu'ils sont les vrais patriotes, les soutiens, les amis de l constitution, et les quatre-vingt-quatre, jadis courbés sous le joug le plus odieux, jadis obscurément relégués dans leurs humbles foyers, par la violence, la concussion et l'opprobre, sont les aristocrates.

Ils osèrent cependant en sortir de leurs humbles foyers, ces quatre-vingt-quatre, quand le cri de la révolution vint frapper les rochers du Cantal. Alors les vautours de Mauriac, les éperviers de l'intendance courbèrent leur tête hypocrite, mais ce ne fut que pour méditer entre eux le projet de cacher leurs crimes et de saisir leur proie.

Le temps d'organiser la municipalité arrive, c'est l'époque que choisissent les ci-devant échevins, en un mot, les trente-et-un pour s'emparer de l'administration. Ils se coalisent avec les ci-devant nobles.

Dès la première séance de l'Assemblée de la commune, le sieur Duclaux, élu en l'élection, trouve le secret de se faire nommer président et de s'adjoindre le sieur Duclaux, son frère, pour secrétaire.

Voilà un grand pas pour arriver à la mairie qu'il convoitait.

Ce murmure flatteur de la faveur des citoyens et l'amour public qui désigne quelquefois le magistrat que le peuple veut choisir, ce murmure se faisait déjà entendre, non pour le sieur Duclaux, mais pour le sieur Lacoste fils. Le sieur Lascoste devient l'objet de la haine du sieur Duclaux, qui pousse la passion et l'audace jusqu'à mettre en question si le sieur Lacoste fils, propriétaire, est citoyen éligible. L'affirmative est unanimement prononcée, et le serment individuel est prêté par l'Assemblée.

Il était arrêté qu'en faveur des cultivateurs, et pour diminuer le nombre des séances, on les prolongerait jusqu'à dix heures du soir. Le sieur Duclaux, maître du bureau, voyant que les citoyens ne sont pas disposés à le choisir pour maire, et qu'un robin de l'élection, serviteur de l'intendant, n'est pas l'homme à qui des citoyens libres et trop clairvoyants veulent décerner l'écharpe municipale, le sieur Duclaux, dis-je, furieux et indigné de n'avoir pas conquis plus de cœurs qu'il ne mérite, lève subitement séance à six heures du soir. L'Assemblée réclame vivement l'exécution de l'arrêté. « Taisez-vous, dit-il aux citoyens, je le veux ; cela sera ; » et il ajourne au dimanche suivant. Grande rumeur. Son confrère Chapouille s'avance sur le sieur Lacoste. « Sortez d'ici, lui dit-il, vous n'êtes rien » ; et il ajoute : « Avant que ce f... drôle soit maire, je lui f... un coup de fusil. »

Dans une autre séance, le sieur Lacoste se trouva cependant quelque chose en dépit du sieur Duclaux et du terrible Chapouille. Déclaré éligible, déclaré exempt de qualification sur les bulletins, parce qu'il était seul éligible de son nom, le sieur Lacoste est nommé maire à la majorité absolue de 69 voix sur 115. A ce témoignage honorable de l'estime et de la confiance du peuple, le sieur Duclaux s'écrie avec la naïveté de l'ancien régime. « Je suis indigné de voir tant de suffrages réunis sur une seule tête. » Dans l'excès de cette indignation robinocratique, que fait le sieur Duclaux ? Il va s'aviser que le sieur Lacoste père, absent, non éligible puisqu'il est contrôleur des actes, chose convenue dans l'Assemblée, en exemptant de qualification sur les bulletins le sieur Lacoste fils ; il va s'aviser, dis-je, que quelques bulletins qui portent le nom de Lacoste fils, désignent le sieur Lacoste père, et, sans autre forme de procès, en dépit de l'Assemblée qui crie à l'iniquité, il déchire les bulletins et refuse de constater sur les registres la nomination du sieur Lacoste.

Emerveillé de ce trait vraiment audacieux, le commandant des volontaires, le sieur Dufau, ci-devant gendarme, veut essayer aussi son audace, et se met à vomir, contre les citoyens, votant pour le sieur Lacoste, une harangue insolente et cavalière que nous nous dispenserons de rapporter; cependant il se radoucit vers sa péroraison et s'efforce de persuader aux citoyens que le sieur Duclaux est le plus vertueux des élus, le patriote le plus sincère, le citoyen le plus désintéressé, et qu'il sera le meilleur des maires.

A tant d'éloquence, la grande majorité des citoyens ne répondit qu'en levant la séance, et la majorité se retire.

Le sieur Duclaux ne désempare pas: il assemble les trente-et-un, pas davantage; pas un de plus; ils continuent la séance entre eux, et, dans cette séance frauduleuse sous tous les rapports, le sieur Duclaux fabrique un procès-verbal dans lequel il dit que le sieur Lacoste avait été déclaré non éligible: mensonge effronté, car il avait été élu maire.

Non éligible: 1° parce qu'il n'est point cotisé dans cette paroisse; distinction ridicule, il était propriétaire et 1 est cotisé personnellement à 333 livres 3 sols 6 deniers pour un seul objet dans la paroisse de Marmanhac ;

... 2° Parce qu'il tient le bureau du contrôle avec son père, astuce de jésuite ! Comme si le fils d'un contrôleur des actes perdait son éligibilité.

La séance suivante fut ouverte par un discours diffamant que prononça le sieur Duclaux contre le sieur Lacoste absent. Après ce scandale public, et les esprits étant bien préparés, on procède à une nouvelle élection du maire et, le scrutin fini, on l'ouvre, et la majorité absolue se déclare de nouveau pour le sieur Lacoste fils. La fureur du sieur Duclaux ne connaît point de bornes, il s'exhale en imprécations, déchire encore une fois les bulletins, prononce l'anathème civique contre le sieur Lacoste et défend formellement aux citoyens de le nommer.

L'Assemblée, indignée à ce coup de tant d'iniquités et de vexations, s'apprête à verbaliser : le sieur Duclaux s'y oppose avec audace, le défend et lève séance.

L'Assemblée dissoute, le sieur Duclaux rallie ses trente-et-un, pas plus, les rallie le même soir à la même heure où il venait de dissoudre l'Assemblée générale, fait procéder à un nouveau scrutin et se fait élire maire à la majorité absolue sur trente-et-un votants.

Tel est le maire qui préside aujourd'hui la municipalité de Mauriac.

Quelques jours après, les trente-et-un se rallient de nouveau et ils se partagent entr'eux les places de procureur de la commune, de municipaux, au nombre de neuf, et de notables au nombre de dix-huit, à l'exception de trois ou quatre qui ne voulurent point accepter une aussi plaisante magistrature.

Telle est la municipalité actuelle de Mauriac.

Cette municipalité installée, la haine et la dérision publiques ne tardèrent pas à s'attacher sur les usurpateurs. Que font ceux-ci : ils profitent d'une Assemblée libre et légale que tinrent les habitants, et cela sans bruit ni tumulte ; ils nomment cette Assemblée : sédition ; ils appellent à leurs secours le Châtelet du pays et un lieutenant-criminel assesseur, un procureur du roi, un procureur exerçant, un huissier et des recors arrivent en pompe d'Aurillac.

Cette horde noire, bien coalisée avec les municipaux postiches, instruit, fouille, décrète, vexe, et en peu de jours, la désolation, les malheurs et le désespoir règnent dans la ville de Mauriac.

D'un autre côté, les municipaux cassent et détruisent la garde nationale et y substituent un corps de volontaires choisis dans les familles des trente-et-un et dans les écoles.

Il s'agit alors de pousser la terreur à son comble. La municipalité, munie d'une lettre écrite de Paris, et surprise à MM. les députés du Cantal, qu'elle nomme un décret foudroyant, assemble la commune, et, dans cette assemblée, avec le dessein le mieux prémédité, provoque le peuple à une insurrection.

Il n'est point d'insulte grossière, de véhémente provocation, de menace de feu, de sang et de mort dont les municipaux n'aient en ce moment fait usage.

Leur but était double, ils voulaient effrayer le peuple et fournir pâture aux juges d'Aurillac qui trouvaient de plus en plus les dépositions insignifiantes. Jugez, par la soif et les besoins de cette justice, de l'innocence et de la tranquillité de ce peuple.

Ce coup manqué, l'époque de l'Assemblée primaire pour la nomination des élections parait propice aux municipaux pour faire prospérer l'insurrection combinée, et amener un carnage effrayant. Ils pratiquent les jeunes volontaires dans un repas, quelques jours avant l'Assemblée, forment une liste de tous les individus de Mauriac jusqu'aux valets de ville, pour assister à cette assemblée, et n'y omettent que le sieur Lacoste fils, seul, bien assurés cependant que le sieur Lacoste se présentera. Le sieur Duclaux met en faction à la porte un de ses cousins-germains, et le scribe de la municipalité, et, sans qualité dans l'assemblée, les commande. Le sieur Lacoste, qui ne se doutait de rien, arrive les bras pendants, les factionnaires le saisissent, le terrassent ; à cette violence, les citoyens accourent : tout à coup soixante volontaires apostés, se présentent en bataille et couchent le peuple en joue, le nombre des citoyens et leur indignation augmente, les jeunes volontaires sont saisis de terreur à leur tour, ils voient le piège où ils sont conduits et se dispersent. C'est ainsi que le cri de la pitié et le sang des familles parlant à ces âmes, encore exemptes de ce crime, sauva la ville de Mauriac et fit avorter les détestables projets des municipaux.

L'hypocrisie et la fourberie ont été encore l'une des ressources de cette municipalité; vrais tyrans du peuple, effrontés violateurs de la Constitution, les municipaux ont eu la supercherie d'établir entre eux une espèce de société dont ils ont sollicité l'affiliation au club des *Amis de la Constitution de Paris*, afin d'y trouver des appuis dans leur usurpation. C'est ainsi que, professant la religion des tyrans et se dévouant à l'aristocratie, ils ont la double impudeur de décrier le club des jacobins dans nos cantons, et d'abuser ce club par une correspondance illusoire de patriotisme.

Accablée par tant de vexations, la commune de Mauriac s'est adressée à l'Assemblée nationale. Le comité de Constitution a renvoyé l'affaire par devant le département du Cantal.

Ce département n'était point encore organisé; la commune de Mauriac attendait cette organisation avec impatience.

La municipalité usurpatrice, se jouant tout à la

fois des citoyens, de leur patience et de l'Assemblée nationale, s'adresse tout éplorée et armée d'impostures au corps législatif et, par l'influence du sieur Armand, député d'Auvergne et oncle du commandant orateur Dufau, fait confirmer par un décret sa nomination ridicule et le partage de vingt-huit places municipales, à la totalité de trente-et-un votants.

Alors la commune de Mauriac eut aussi recours à l'Assemblée nationale : nouveau décret qui déclare les municipaux de Mauriac seulement provisoires, qu'au surplus, le département du Cantal informerait pour le tout être renvoyé à l'Assemblée nationale qui prononcerait définitivement. Le département du Cantal enfin organisé, deux commissaires sont envoyés à Mauriac.

Nous ne nous arrêterons pas sur la manière dont ces commissaires se sont acquittés de leur mission, ni sur l'adresse avec laquelle ils ont été choisis et circonvenus ; ni sur les ruses, les séductions, les refus, les complaisances, la sévérité qui ont été pratiqués dans leur opération contre la commune de Mauriac ; il suffit à cette commune que la vérité se soit montrée avec tant d'évidence, qu'il n'a pas été possible aux commissaires d'éviter sa clarté.

La commune de Mauriac, après treize mois d'attente et de souffrance, armée de l'information faite par le département du Cantal, et pleine non de la toute vérité, mais au moins de la vérité inévitable, vient avec confiance s'en remettre de son sort à l'Assemblée nationale.

Cette commune lui offre la preuve authentique de tous les faits rapportés ci-dessus, non seulement dans l'information, mais encore dans une multiplicité d'écrits authentiques.

Elle demande justice, elle n'implore que justice.

C'est la seule voie de paix qui reste à cette malheureuse ville, dont les brigands de la tyrannie se sont emparés, pour y dévorer le peuple et le livrer aux ennemis de la constitution.

CITOYENS ACTIFS RÉCLAMANTS

Ternat. Offroy. Offroy. Robin. Goudal. Ver. Ternat. Deydier. Chavepeyre. Lafarge. Couloudou. Beffara. Cheymol. Chavinier. Bouiges. Dageu. Teissier. Croiset. Tible. Douniol. Dumas. Ouoradow. Boucherat. Mendès. Julleis. Dussaillant. Pons. Rixain. Battut. Andrieu. Vedrines. Darilliole. Raboisson. Bouiges. Ponud. Lasmolles. Guy. Bagilet. Veyssui. Guy. Deydier. Simon. Morin. Lafarge. Chabrol. Lavergne. Counil. Mallenague. Varrenne. Godeneche. Meydieu. Lamourqux. Prat. Violle. Chinchon.

Rivière. Couloudou. Bonal. Faucher. Mathieu. Menat. Lafarge. Badal. Buiges. Labro. Pesteil. Dapon. Broquin. Laurens. Aymond. Guy. Fabre. Forestier. Vidal. Veyssier. Faucher. Lavergne. Bouige. Gély. Lacoste. Et Lacoste fils. Lacombes. Aurine. Galvain. Guy. Vialeix. Donjoloye.

N° 3

MÉMOIRE JUSTIFICATIF POUR LE SIEUR LOUIS, CHEVALIER DE SAINT-LOUIS, CI-DEVANT PRÉSIDENT DU CONSEIL MUNICIPAL DE LA VILLE D'AURILLAC.

Ma destinée pendant le cours d'une assez longue vie, puisque je suis dans la soixante-douzième année de mon âge, n'a été qu'un tissu d'événements malheureux qui se sont succédé, sans interruption. Ce n'est point le cas de les rappeler ici ; je me bornerai à dire que la plus horrible des calomnies vient de répandre sur moi son venin le plus noir ; puisse-t-il être le dernier effort de sa rage !

Jaloux de me justifier, je pourrais me borner à ne parler que de ce qui s'est passé hier 2 et 3 juin ; mais voulant que ma conduite irréprochable sur tout ce qui peut intéresser l'honneur, la probité et le désintéressement soit connue, non seulement de mes concitoyens, mais encore de toute la nation, si la chose était possible, je daterai le commencement du récit que je me propose de faire, du 23 juillet 1789, jour auquel les citoyens assemblés dans l'église du collège formèrent un conseil municipal, composé de quinze membres; (je fus un des élus,) je m'attendais si peu à cet honneur que je m'étais retiré de l'Assemblée, et avais été me promener au cours Monthyon; à peine avais-je fait quelques tours que j'aperçus le sieur Carrier cadet, marchant fort vite et m'appelant de la main, je fus à lui; il m'annonça que j'avais été nommé consul, qu'on me demandait à la cour du collège; je m'y rendis, je m'y plaçai parmi mes nouveaux collègues; ils m'honorèrent du titre de président; j'ai occupé cette place jusqu'au 25 janvier dernier, que les citoyens, pour satisfaire au décret de l'Assemblée nationale, s'assemblèrent pour nommer les officiers de la nouvelle municipalité.

M. Gourlat de Saint-Etienne et moi, ayant eu la majorité des suffrages au second scrutin, fûmes les seuls à concourir pour la place de maire. Je déclarai alors hautement à l'auditoire qui était dans la salle de l'hôtel-de-ville, que je connaissais le mérite de M. de Saint-Etienne, avec qui j'avais eu l'honneur de vivre depuis longtemps dans une union assez intime, que je renonçais à toute prétention, et que je désirais que M. de Saint-Etienne fût maire; on n'eut point égard à mes offres et l'on procéda au troisième scrutin.

Les votants du district du collège étaient au nombre de 142. M. de Saint-Etienne eut 21 voix ; j'en eus 121.

Les votants du district des Cordeliers étaient 120. M. Gourlat eut 52 voix ; j'en eus 68.

Ceux du district de Notre-Dame étaient au second scrutin 171, au troisième on sortit de la boîte 188 billets ; on voit que le nombre des votants avait été considérablement augmenté. M. de Saint-Etienne eut 173 voix ; j'en eus 15.

M. de Saint-Etienne eut donc la majorité ; je fus d'autant plus charmé de la juste préférence qu'il avait obtenue, qu'elle était conforme à mes désirs ; je fus le lendemain matin lui en faire mon très sincère compliment.

Sorti de la municipalité, je pensais que mes collègues et moi devions rendre compte à nos concitoyens de notre administration ; je le fis par une adresse qui fut imprimée et distribuée ; j'y détaillai les différents achats de grains que nous avions faits, dont le total montait à 750 setiers. J'y détaillai pareillement les différentes quêtes que nous avions faites dont le total montait à la somme de 7,590 livres. Ne voulant pas être tout à fait inutile à la patrie, je demandai et je priai d'être inscrit en qualité de fusilier dans la dixième compagnie de la milice citoyenne ; mon âge me dispensait très certainement de me charger d'un fusil.

La ville de Clermont-Ferrand ayant envoyé des députés pour former avec nous une fédération, la milice pensa, avec l'agrément de la municipalité, qu'elle devait accepter la proposition qui lui était faite, il fallait envoyer deux députés ; M. de Cambefort et moi fûmes nommés. Nous partîmes pour Clermont le 11 mai dernier et fûmes de retour le 21.

Le lendemain de mon arrivée, samedi 22, jour de marché, quelques particuliers vinrent chez moi ; ils se plaignirent de l'extrême cherté du blé ; ils étaient sans argent, j'en avais cinq sacs, je leur en distribuai trois à crédit.

Aujourd'hui M. le maire, faisant la visite des greniers dans notre quartier, je l'ai prié d'entrer dans les miens, il a vu les deux sacs qui me restaient ; je ne m'en suis réservé qu'un, je lui ai offert l'autre qu'il a accepté et il en a disposé.

Le samedi 29 mai, autre jour de marché, je partis à 7 heures du matin pour ma campagne, où les affaires domestiques que j'avais négligées depuis bien du temps exigeaient ma présence.

Le mercredi 2 juin, le blé manquait au marché ; plaintes, attroupement, insurrection si l'on veut ; des malheureux qui manquent de pain paraissent regretter que je ne sois plus à la municipalité, ils parlent de moi avec effusion... Peut-on me faire un crime des sentiments que ces gens-là témoignent ;

le leur ferais-je dire ? moi qui étais éloigné d'eux de trois lieues et qui ignorais très certainement ce qui se passait à Aurillac.

Hier jeudi, 3 juin, j'arrive à 11 heures et demie; l'on sonnait la messe du Chapitre. Je mets pied à terre sans aller à ma maison qui est très proche, j'entends la messe; au sortir de l'église, j'entre chez moi, où je restai seul jusqu'à 5 heures et demie, que je sortis pour aller à la rue d'Aurinques parler à un particulier; de là je me rendis au cours Monthyon; je parlai à plusieurs personnes, et je finis par accoster MM. Vigier et Baïssac; je leur proposai de souper ensemble, ce qui fut accepté; il était six heures et demie; à huit heures, notre souper fut fini, nous nous retirâmes; je descendis la rue du Monastère avec M. Baïssac; à l'extrémité de cette rue, un groupe d'environ quinze personnes des deux sexes m'arrête; l'on me dit que si j'eusse resté à la municipalité, le blé ne manquerait pas; je répondis que j'aurais fait ce que j'aurais pu pour en procurer comme le faisait la municipalité actuelle, qui, à ce qu'on m'avait assuré, faisait partir le lendemain un détachement de la milice pour escorter plusieurs voitures qui devaient arriver de Saint-Paul des Landes; je les exhortai à rester tranquilles, à ne point murmurer, et que le marché du samedi prochain serait suffisamment fourni de grains; je continuai mon chemin; dans la rue des Forgerons je trouve un pareil groupe qui me tint les mêmes propos et auquel je fis les mêmes réponses ; j'arrive enfin sur la place par la rue du Crucifix; j'aperçois une foule de peuple sans armes, mais qui murmurait; je vois une troupe armée qui se range en haie; j'avance, j'approche de M. le chevalier de Conros, colonel de de la milice, qui me dit de prendre un fusil, qu'il va me donner le commandement d'un piquet pour faire retirer cet attroupement. (J'ignorais qu'il y eût eu d'insurrection, ni loi martiale publiée, cela s'était passé pendant notre souper.) J'observai à M. le chevalier de Conros, qu'il faudrait essayer les voies de la douceur et de la persuasion, avant d'en venir à des extrémités : je dis que si M. de Marmiès, ancien capitaine dans le régiment de Bourbounais, présent, voulait se joindre à moi, j'espérais que nous parviendrions à le dissiper; j'ajoutai que si nous ne réussissions pas, et qu'il fallût se défendre, je sacrifierais jusques à la dernière goutte de mon sang pour la patrie. (Il est si vrai que j'ai tenu ce propos, que M. Falvelly, garde de corps du roi, me répondit : « Eh ! qui est-ce qui n'en fera pas autant ? ») Je savais bien qu'on en pouvait faire autant, mais j'étais bien sûr qu'on ne pouvait pas faire davantage.

Nous partons, M. de Marmiès et moi; le sieur Dieudonné de Lassagne, sous-lieutenant dans la quatrième compagnie, se joint à nous ; nous étions sans armes : nous pénétrons au milieu de la foule; on parait nous voir avec plaisir ; il y eut même quelques acclamations ; (pouvions-nous les empêcher?) Nous représentons que c'est contre le bon ordre de s'assembler ainsi; nous assurons que la ville va être abondamment pourvue de grains; nous les exhortons à se retirer ; ils répondent que puisque nous le désirons, ils vont se retirer; ils le font ; nous marchons avec eux jusqu'à l'extrémité de la place du côté de la rue de la Marinie. Malheureusement, dans ce moment, le sieur Caylus, officier municipal, débouche à l'angle de cette rue, à la tête d'une escouade de la garde; nous nous trouvons face à face. Le sieur Caylus, préoccupé, crie aussitôt. « Citoyens honnêtes, retirez-vous ! » Je lui dis : « Monsieur, tout ce monde est tranquille, il se retire comme vous le désirez. » « Retirez-vous vous-même le premier! » me répondit-il. « Je vais vous obéir, lui répliquai-je, puisque vous l'ordonnez. » Je partis avec le sieur Dieudonné, qui me mena à la maison de la dame sa mère. Plusieurs voix crièrent alors au sieur Caylus : «Pourquoi le faites-vous retirer, il a tout calmé ? » Inquiet et chagrin de savoir ce qui se passait, je priai le sieur Dieudonné d'aller sur la place et de venir m'en donner des nouvelles ; il fut commandé par une patrouille ; ne le voyant point arriver, je priai la dame sa mère de prendre la peine d'aller donner un coup-d'œil sur cette place, elle en eut la complaisance, mais elle ne revint point.... Désespéré, mon impatience ne put y tenir; il était alors plus de dix heures, je sortis, je fus sur la place ; en y arrivant, j'aperçus le sieur Diéudonné, je le priai de m'accompagner chez moi, ce qu'il fit, et y resta jusqu'à onze heures.

Ce matin, vendredi, j'ai appris que, tandis que j'étais dans la maison de la dame Lassagne, un vil imposteur dont on m'a dit le nom, (et contre lequel je me réserve tous mes moyens de droit,) acharné à me calomnier, voulait insinuer à des particuliers sur la place, que j'étais venu de la campagne pour exciter cette insurrection ; que le fils cadet du sieur Caylus disait que j'avais voulu assassiner son père à coup de couteau ; qu'enfin la municipalité avait dressé un procès-verbal contre les pertubateurs du repos public dans lequel mon nom était inscrit. Plus rempli d'ingnation que d'étonnement, je me suis présenté à l'hôtel-de-ville ; le Conseil était assemblé ; ces Messieurs ont bien voulu m'accorder une audience ; j'ai dit à peu près ce que je viens d'écrire ; mais dans la communication que j'ai demandée du procès-verbal, je me suis aperçu qu'il y avait des omissions, des inexactitudes dans le récit des faits, et comme dans des circonstances aussi délicates l'on ne doit rien négliger, je me suis décidé à publier ce mémoire.

Citoyens, qui êtes destinés à remplir la même place que j'ai occupée, si par votre conduite, par votre patriotisme, vous parvenez à acquérir l'affection, l'amitié de vos frères, engagez-les pour votre tranquillité à contenir en public leurs sentiments pour vous ; ceux que les trois quarts et demie de mes concitoyens me témoignent depuis bien du temps, flattent infiniment mon cœur, mais ils le remplissent bien d'amertume et de douleur.

Ce mémoire n'étant pas achevé d'imprimer, je dois y ajouter ce qui s'est passé depuis ce jeudi au soir.

Par les renseignements que j'ai pris, je vois que l'insurrection du mercredi est survenue plutôt par le défaut de pain, (parce que les boulangers refusaient de cuire depuis quelques jours,) que du défaut de grains, quoiqu'il fût rare et très cher; tel ouvrier a l'argent pour acheter dix livres de pain, qui n'en a pas pour acheter une mesure de blé.

Le lendemain, jour de fête, l'on s'assemblait, l'on murmurait tout bas l'après-midi ; les hommes furent noyer leur misère au cabaret, le soir les têtes furent exaltées ; l'on s'attroupe vers les sept heures, (qu'on n'oublie pas que je soupais alors, que je n'étais arrivé qu'à onze heures et demie, et que je ne sortis de ma maison qu'après cinq heures,) l'on se présente devant quelques maisons, l'on enfonce les portes d'une, on fouille, on trouve du blé corrompu, pourri; on en avait déjà vendu, et les personnes qui avaient mangé de ce pain en avaient été très incommodées; il aurait dû être jeté dans la rivière, mais.....

Tout est tranquille depuis le soir du jeudi, par la vigilance de MM. les officiers municipaux, qui ont ordonné aux boulangers de cuire du pain, et qui font arriver beaucoup de grains; la tranquillité ne sera plus troublée, le peuple de cette ville n'est pas méchant.

Le samedi, je priai M. Latapie, mon ancien collègue, et M. Boudier de venir souper chez moi : ils vinrent à huit heures et se retirèrent à dix; je les accompagnai jusque sur la porte de ma petite cour; j'en étais à six pas, je causais avec M. Boudier : une patrouille arrive, crie : qui-vive! je réponds : bourgeois ! « Retirez-vous, me dit l'officier. » Je répondis que je croyais qu'il m'était permis de rester sur ma porte. Plusieurs voix crièrent alors : « Rentrez, il y va de votre intérêt. » J'obéis, mais frappé du mot, je me tapis derrière la porte avec mon domestique; la patrouille revient, quelqu'un pousse la porte avec la main, et dit : « Il est pourtant retiré. » Je ne me couchai que fort tard, et j'entendais les patrouilles se succéder autour de ma maison. Enfin j'apprends ce matin, dimanche, que sur le compte que rendit l'officier de l'escouade au sieur Verdier de Lamontade, qui commandait au corps de garde, il fut vivement blâmé de ne m'y avoir pas conduit. J'apprends que si j'eusse paru sur la porte j'aurais été fusillé : telle est la récompense qu'on réservait aux soins que je m'étais donnés conjointement avec mes collègues pour nous rendre utiles à nos concitoyens et les maintenir dans le bon ordre.

Des malheureux, mourant de faim, s'écrient que si j'avais continué d'être maire, le pain ne leur aurait pas manqué.

Ces exclamations sont inconsidérées, peuvent avoir des suites dangereuses, j'en conviens si l'on veut ; mais pouvais-je les empêcher, moi qui étais absent depuis cinq jours ; eussé-je été présent, en aurais-je été le maître ? Je ne puis donc regarder dans ce moment la confiance que le peuple me témoigne, que comme très malheureuse pour moi, puisque l'on m'en fait un crime.

Il ne dépendait que de la municipalité actuelle de s'acquérir la même confiance ; elle n'avait qu'à entretenir les approvisionnements de blé que nous avions faits. Si elle avait agi avant l'insurrection, comme elle a fait le lendemain, il n'y en aurait pas eu. Par l'activité qu'elle a enfin déployée, il arrive abondamment des grains ; par ce moyen il n'y aura plus de tumulte.

La municipalité a fait la visite des greniers ; elle a

trouvé, m'a-t-on dit, des grains corrompus, pourris. Il aurait fallu les faire jeter dans la rivière; l'on a cependant toléré qu'il s'en vendît au marché ; on en sait bien la raison.

La municipalité, au lieu de supprimer des charités que nous faisions à des indigents répandus dans la ville, devait les continuer. Mais, a-t-on dit, les revenus de l'hôpital ne pourraient pas y suffire. Les administrateurs doivent faire, dans les années de misère, ce que fait un père de famille dans certaines occasions, quand ses revenus ne suffisent pas pour nourrir ses enfants ; il anticipe sur le capital ; mais ce n'était pas ici le cas. Nous avons démontré, dans le compte que nous avons rendu de notre administration, qu'il y avait environ 10.000 livres de revenus de l'hôpital arriérés ; si on en avait fait le recouvrement, il aurait suffi pour soulager les pauvres ; leur refuser ce secours, c'est leur faire un vol ; mais nous l'avons dit ailleurs, nombre de ces débiteurs sont des personnes pour lesquelles on a des ménagements déplacés ; et il s'en trouve dans la municipalité.

Vous connaissez, ô mes bons concitoyens, la cabale formidable qui me persécute et les motifs qui la font agir! ainsi je n'en parlerai point. Elle m'inculpe, à ce qu'on m'a dit, qu'étant arrêté par quatre ou cinq femmes qui se plaignaient sur ce que je n'étais point maire, une dame venant à passer, je dis : — Voilà la femme de celui qui est cause que je ne le suis pas ; — et l'on prétend que j'agis pour ravoir cette place ; il est vrai qu'elle a bien des agréments, dans ce temps-ci surtout. Cette dame a-t-elle été insultée ? a-t-elle été poursuivie ? les bonnes gens n'avaient besoin que du pain et du repos !

Quelques particuliers prétendent que je suis aristocrate ; d'autres m'appellent anti-aristocrate ; je réponds que je ne suis ni aristocrate, ni démocrate, encore moins fanatique ; je suis l'ami de la justice, du bon ordre et de l'égalité ; voilà ma profession de foi.

Dans la position fâcheuse où je me trouve, il ne me reste d'autre parti à prendre que de réclamer les droits de citoyen, à me mettre sous la sauvegarde de la nation et de la loi ; à demander un jugement, soit pour, ou contre moi, ou contre ceux que je prétends être des calomniateurs ; et c'est ce que je fais.

De Lorus.

N° 3.

LA SOCIÉTÉ DES HOMMES DE LA NATURE OU SOCIÉTÉ PATRIOTIQUE ET AGRICOLE DES FRANCS-TENANCIERS DES CAMPAGNES, SÉANTE PROVISOIREMENT A ARPAJON, DISTRICT D'AURILLAC, DÉPARTEMENT DU CANTAL. — PREMIÈRE SÉANCE DU 1ᵉʳ AVRIL 1791.

La société s'est formée et a commencé ses séances dans une grange, comme le lieu le plus convenable à des agricoles et au but de leur institution. Elle s'est trouvée composée des sieurs :

— Guillaume Vaurs, maire et électeur de la communauté d'Arpajon, unanimement élu pour président par ses collègues, pour avoir proposé cet établissement patriotique.

— Jean-Baptiste Milhaud, ci-devant de Fieu, élève du corps royal du génie et cadet dans nos régiments coloniaux, lequel a été unanimement nommé secrétaire.

— François Pagès, ci-devant Vixouze, rédacteur du

Journal du département du Cantal, aussi nommé unanimement adjoint secrétaire.

— Jean Rentières, maître d'école à Arpajon, choisi pour greffier.

— François Leygonie, ci-devant Depruns, chevalier de Saint-Louis, électeur, qu'on a aussi choisi unanimement pour vice-président.

— Joseph Milhaud, officier municipal et électeur d'Arpajon.

— Boissou, maire d'Yolet.

— François Sistrières-Murat, maire de Vic et suppléant de la haute-cour de Cassation.

— Bonhomme, procureur de la commune d'Arpajon.

— Carrier, procureur de la commune d'Yolet.

— Clavière-Salvage, cultivateur de Polminhac.

— Vialard, maire de Giou, et cultivateur.

— Fontanges, maire de Prunet.

— Bertrand, procureur de la commune et électeur de Roussi.

— Usse, officier municipal de Thiézac, et laboureur.

— Lassale de Labarrière, chevalier de Saint-Louis et maire de Saint-Santin-Cantalès.

— Labro, procureur de la commune de Vezac.

— Raimond, maire de Vezac et laboureur.

— Feytaint, maire de Naucelle.

— Guillaume Andrieu, officier municipal d'Arpajon et cultivateur.

— Lapparra, officier municipal d'Arpajon et laboureur.

— Rentières, homme de loi à Aurillac.

— Jean Daval, notable et laboureur d'Arpajon.

— Jean Milhaud, cultivateur d'Arpajon.

— Jean Vaurs, laboureur et commandant de la garde nationale d'Arpajon.

— Jean Charbonel, laboureur de la Prade, paroisse de Vic.

— Lavergne, maire de Labrousse et agriculteur.

— Pierre Fesp, laboureur de Naucelle.

— Dommergue, officier municipal d'Arpajon et laboureur.

— Cambournat, marchand.

— Jean Rentières, propriétaire d'Arpajon.

— Joseph Julhes, porte-enseigne de la garde nationale d'Arpajon.

— Guillaume Dommergues, maire de Badalhac.

— Conrier, officier municipal, et laboureur d'Arpajon ;

— Lortal, officier municipal, électeur et laboureur de la paroisse de Roannes ;

— Delort, notaire et cultivateur de la paroisse de Vezac.

RÈGLEMENT DE LA SOCIÉTÉ DES HOMMES DE LA NATURE

Tous les membres de la première séance ont arrêté unanimement qu'il était nécessaire de fixer même dans cette société naissante, les principes invariables qui doivent former la base de son institution et les règlements analogues à son régime. En conséquence, ils ont arrêté d'une voix unanime les articles suivants :

Article premier. — Que le lieu de la séance sera irrévocablement fixé hors l'enceinte et territoire des villes, tel qu'il sera choisi par la majorité des membres de la présente association, et fixé quant à présent dans le lieu d'Arpajon.

Art. II. — Le patriotisme, le dévouement à la Constitution, l'intérêt et l'avancement de l'agriculture et du commerce étant les principaux mobiles des instituteurs de cet établissement, il est arrêté unanimement que la société ne recevra dans son sein que des cultivateurs, laboureurs ou propriétaires des biens des campagnes, et les non-propriétaires dont les écrits patriotiques et le civisme reconnu auront mérité l'amour des peuples, pourvu qu'ils ne soient membres d'aucun autre club ou société, leur laissant l'option lorsqu'ils désireront être admis.

Art. III. — Seront admissibles tous les chefs de

famille de quelqu'âge qu'ils soient, et les fils de famille qui auront prêté le serment civique, toujours conformément à l'article second.

Art. IV. — Les prêtres ne pouvant trop s'occuper du bonheur spirituel des fidèles, et la société craignant de les détourner d'occupations aussi importantes et aussi saintes, et voulant suivre en tout point les décrets de l'Assemblée nationale relatifs à leurs fonctions, ne pourront jamais en être les membres.

Art. V. — Il faut, pour être admis, être inscrit chez le secrétaire huit jours d'avance, d'après le témoignage d'un membre, et l'admission ou non-admission se fera par fèves blanches ou noires; et pour être reçu, il faudra avoir la moitié des fèves blanches, plus une.

Art. VI. — Les jours de séances ordinaires seront les fêtes, dimanches, et jours de foire et de marché.

Art. VII. — Il sera tenu une Assemblée générale tous les trois mois, à commencer du premier dimanche de juillet, à laquelle demeureront invités tous les membres, pour y procéder ensemble au renouvellement du président et des autres officiers, et pour revoir les opérations, notamment celles du trimestre précédent et autres objets subséquents; il s'en tiendra aussi une générale tous les premiers dimanches de chaque mois, par les officiers et membres domiciliés à Arpajon, lesquels, jusqu'à ce qu'il en ait été statué autrement, formeront le directoire.

Art. VIII. — Il est convenu que chacun des membres, en entrant, consignera entre les mains du secrétaire, jusqu'à ce qu'il soit nommé un trésorier, une somme de six livres.

Art. IX. — Tous les membres soussignés, après être convenu des articles ci-dessus, et après s'être fait le baiser de paix et de fraternité, ont dit : « Nous jurons de maintenir et observer ces articles, d'être fidèles à la nation, à la loi et au roi, de maintenir de tout notre pouvoir les décrets de l'Assemblée nationale acceptés ou fonctionnés par le roi, de garantir le respect dû aux personnes et aux propriétés; nous jurons encore d'avancer les progrès de l'agriculture et du commerce, de secourir l'indigent, la veuve et l'orphelin et tous les opprimés, de défendre de notre fortune et de notre sang ceux qui auraient le courage de dénoncer les traîtres à la patrie et les conspirateurs contre la liberté et la constitution, fussent-ils nos plus proches parents, et d'évangéliser, au sein de nos familles et dans toutes les parties du monde où nous pourrions nous trouver, les droits de l'homme et du citoyen. »

En conséquence, il demeure arrêté que chaque nouveau récipiendaire prêtera le même serment au moment de la réception.

Art. X. — Les séances seront toujours publiques et en plein champ, lorsque le temps le permettra.

Art. XI. — Arrêté que le présent règlement, quoique provisoire, sera imprimé et envoyé à toutes les municipalités du département et autres, avec invitation d'y adhérer.

Signé : A Arpajon, le 1ᵉʳ avril 1791.

FIN DU DEUXIÈME VOLUME

TABLE DES MATIÈRES

Chapitre Ier. — Les députés d'Auvergne à Versailles. — L'abbé Lollier entre au Tiers. — Délibération de la ville d'Aurillac. — Lettre de M. Lacoste. — Prise de la Bastille. — Délibération de Saint-Flour.   1

Chapitre II. — Protestation ou démission des députés de la noblesse d'Auvergne. — Nouvelle convocation de cette noblesse à Riom, à Clermont et à Saint-Flour. — Nouveaux pouvoirs.   24

Chapitre III. — Troubles en Auvergne. — La peur. — La cocarde.   37

Chapitre IV. — Lettres des députés d'Auvergne. — Les journaux. — Classification de nos représentants à l'Assemblée nationale. — Leur attitude. — Leurs querelles.   53

Chapitre V. — Anarchie dans l'Assemblée nationale. — Abolition des droits féodaux, 4 août 1789.   72

Chapitre VI. — Le 5 octobre 1789. — Massacre de des Huttes de Nierestaug. — Députés d'Auvergne insultés. 88

Chapitre VII. — Commission intermédiaire. — Division de l'Auvergne en départements. — Nouvelles administrations. — Fin de la commission intermédiaire. 96

Chapitre VIII. — Troubles à Maurs, à Mauriac, au Vigean, à Aurillac, dans le Puy-de-Dôme 112

Chapitre IX. — Famine. — Insurrection à Aurillac. — De Lorus. — Contribution patriotique. — Refus de payer les impôts. . 124

Chapitre X. — Propagation des maximes révolutionnaires en Auvergne. — Pamphlets. — Journaux. — Sociétés populaires. — Les amis de la constitution de Salers. — Les hommes de la nature d'Arpajon. — Les sociétés populaires de Clermont. — Fédération du 14 juillet 1790. — Mort des deux Gourlat de Saint-Etienne. 139

Chapitre XI. — Les députés d'Auvergne à l'Assemblée nationale. — Assemblée départementale du Cantal en 1790. — Travaux de l'administration. 150

Chapitre XII. — Le Cantal et le Puy-de-Dôme en 1791. — Fuite du roi. — Mouvement en

Auvergne à ce sujet. — Fin de l'Assemblée
constituante.................. 164

Chapitre XIII. — Assemblée législative. Nouveaux députés. — Nouvelles administrations. — Assemblée départementale du Cantal en 1791..................... 175

Pièces justificatives. — N° 1. — Quelques lettres de M. Malouët. — 1° Lettre aux officiers municipaux de Riom................ 189

2° Lettre aux officiers municipaux....... 192

3° Lettre des officiers municipaux à Malouët. 193

N° 2. — Mémoire du parti Lacoste de Mauriac à l'Assemblée nationale............. 196

N° 3. Mémoire justificatif pour le sieur Louis, chevalier de Saint-Louis, ci-devant président du conseil municipal de la ville d'Aurillac. 208

N° 4. — La société des hommes de la nature ou société patriotique et agricole des francs-tenanciers des campagnes, séante provisoirement à Arpajon, district d'Aurillac, département du Cantal. — Première séance du 1er avril 1791.................. 221

Saint-Amand (Cher.) — Imprimerie Saint-Joseph.

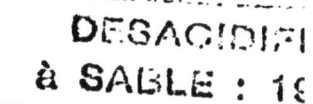

www.ingramcontent.com/pod-product-compliance
Lightning Source LLC
Chambersburg PA
CBHW061957180426
43198CB00036B/1311